教育部人文社会科学研究项目"新疆城镇污水处理价格形成机制及管理研究"（11XJJC790002）资助

新疆城镇污水处理价格形成机制及管理研究

马乃毅　徐　敏　著

中国农业出版社

内容简介

　　本书是关于新疆城镇污水处理价格形成机制和管理研究的专著，笔者试图从公共定价和管制经济学的视角诠释新疆城镇污水处理价格形成机制及管理的问题。全书共分为7章。包括导论、污水处理定价的理论基础、污水处理定价的影响因素及方法选择、新疆城镇污水处理业价格形成机制及政策演进、新疆城镇污水处理价格形成机制的问题及原因、国外污水处理价格形成机制及借鉴、完善新疆城镇污水处理价格形成机制的政策建议。

　　本书围绕城镇污水处理定价中的难点和热点问题，以新疆污水处理行业为例，理论联系实践，分析新疆污水处理价格形成机制及管理中存在的问题，并提出相关的政策建议，以期对城镇污水处理价格形成机制进行一定的探索。对关心新疆污水处理价格改革和污水处理市场化运作的人具有一定的参考价值。

前　言

新疆是典型的干旱地貌区，城镇都建立在沙漠或戈壁中的绿洲上，水资源短缺。随着新疆大开发和城市化进程的不断加快，水资源短缺和水污染问题已成为影响城镇化发展的瓶颈因素。污水处理是城镇缓解水污染和保护水环境的重要途径。然而，污水处理具有区域自然垄断、投资成本高、投资回收期长、正外部性、不可替代性、信息不对称、产品和客户无直接联系等特点，所以其价格不是一般意义商品的价格，是政府主导的价格，政府需要在优化资源配置、维护企业持续经营和保护消费者利益之间取得平衡。这不但是一个学术性极强的理论，也是一个复杂的政策问题。中国政府明确提出，污水处理走投资主体多元化、运营主体企业化、运行管理市场化的道路，形成开放式、竞争性运行的格局。在污水处理市场化进程中，价格形成机制及管理就成为了关键问题和焦点问题。

本书在借鉴公共定价理论和国外实践经验的基础上，分析了影响污水处理定价的因素，对现行污水处理方法进行了分析比较；具体分析新疆污水处理价格形成机制及管理中存在的问题，在借鉴国外污水处理行业价格形成机制及管理经验的基础上，提出了完善新疆污水处理业价格形成机制及管理的政策建议。

本书共七章，第一章，导论。主要阐述本研究的背景、研究目的、研究的理论意义与现实意义；对国内外相关研究动态进行总结和评述，确定研究思路、研究内容、研究方法。第二章，污水处理定价的理论基础。从政府定价的依据、定价的主体、定价的目标和原则、定价方法等方面对公共定价理论进行阐述，对污水处理行业具有区域垄断性、正外部性、投资规模大、投资回收期长等经济技术特性进行分析，对污水处理、污水处理费、行政事业收费和公共事业性收费等概念进行了梳理。第三章，污水处理费定价影响因素及方法选择，主要分析影响污水处理价格水平的因素，这些因素包括定价原则、影响定价成本的因素、行业政策和供求关系，并对这些因素进行了详细的分析，指出影响污水处理行业定价主要因素和关键环节。第四章，主要论述新疆污水处理业发展历程、污水处理政府定价改革的必要性、新疆城镇污水处理价格政策的演进及污水处理费改革的主要措施。第五章，论述新疆城镇污水处理费价格形成机制存在的问题及原因。第六章是对国外（包括美国、德国、法国、英国、加拿大、新加坡、日本、澳大利亚、以色列和印度等）在污水处理定价实践及经验进行介绍，并从机构设置、价格水平与结构方面做了评价，提出中国政府应借鉴的经验。第七章主要提出完善污水处理定价的政策建议。

主要结论包括：（1）新疆污水处理费价格形成机制方面还存在价格水平不能收回污水处理成本，定价方法不规范，价格政策不完善，政策执行不到位，价格信息公开制度和意见反馈机制不健全等问题。（2）借鉴国外经验，新疆政府应当从加快职能转变、完善污水处理宏观调控政策；以科学合理的原则制定污水处理服务价格；建立有效的成本约束机制；健全立法规范定价行为，采用行之有效的监管技术和工具等方面提高污水处理价格管制水平。（3）提出以流域为单位，以企业为主体，运用市场机制，治理水污染保护水环境；引入比较竞争机制，以成本和绩效评价确定价格水平；建立成本约束机制；对低收入群体进行补贴等政策建议。

本书的完成得到课程组成员的大力支持和密切配合，徐敏、蒋旭平、袁青川、强国民和冯颖在课题研究中都付出了很多努力，在此表示衷心的感谢。

　　本书所谓的创新是相对而言的，是借鉴了管制经济学、公共定价和管理学等相关理论和方法的基础上形成的，是对新疆城市污水处理价格形成机制及管理的一个初探，力求从理论和实证两个方面研究一些新问题。限于笔者水平，对新疆城市污水处理价格形成机制及管理的研究还存在着诸多不充分和不完备的地方，恳请各位专家、同仁和广大读者不吝赐教。

作　者

2016 年 1 月

目　　录

前言

第一章　导论 ………………………………………………………… 1

1.1　研究背景 ………………………………………………………… 1

1.1.1　污水处理是缓解水资源短缺和保护水环境的有效途径 ………… 1

1.1.2　科学合理定价是污水处理产业化市场化的核心 ……………… 3

1.1.3　污水处理定价的特殊性 …………………………………… 5

1.2　研究目的与意义 ………………………………………………… 6

1.2.1　研究目的 ……………………………………………… 6

1.2.2　研究意义 ……………………………………………… 7

1.3　国内外研究动态 ………………………………………………… 9

1.3.1　国外研究动态 ………………………………………… 9

1.3.2　国内研究动态 ………………………………………… 12

1.3.3　国内外研究综述 ……………………………………… 18

1.4　研究的范围、思路、内容与方法 ……………………………… 20

1.4.1　研究范围 ……………………………………………… 20

1.4.2　研究思路 ……………………………………………… 20

1.4.3　研究内容 ……………………………………………… 21

1.4.4　研究方法 ……………………………………………… 22

第二章　污水处理定价的理论基础 ……………………………… 23

2.1　市场失灵与公共定价 ………………………………………… 23

2.1.1　市场失灵理论 ………………………………………… 23

2.1.2　公共定价理论 ………………………………………… 31

2.2 污水处理行业技术经济特性 ……………………………… 41

  2.2.1 产品不直接面向客户 ……………………………… 42

  2.2.2 外部性 ……………………………………………… 43

  2.2.3 投资规模大、投资回收期长 ……………………… 43

  2.2.4 区域自然垄断性 …………………………………… 44

  2.2.5 与宏观经济、国家政策的相关性 ………………… 45

2.3 几个基本概念 …………………………………………… 46

  2.3.1 污水处理 …………………………………………… 46

  2.3.2 污水处理费 ………………………………………… 46

  2.3.3 行政事业性收费 …………………………………… 49

  2.3.4 公用事业价格 ……………………………………… 50

第三章 污水处理费定价影响因素及方法选择 ……………… 51

3.1 污水处理费定价影响因素 ……………………………… 51

  3.1.1 污水处理规模和工艺 ……………………………… 51

  3.1.2 污水处理投融资结构 ……………………………… 53

  3.1.3 污水处理企业的经营模式 ………………………… 54

  3.1.4 污水处理进水和出水水质 ………………………… 55

  3.1.5 生产资料的价格水平 ……………………………… 56

  3.1.6 报酬率和税收 ……………………………………… 57

3.2 污水处理供求因素 ……………………………………… 57

  3.2.1 污水处理的需求状况 ……………………………… 57

  3.2.2 污水处理的供给状况 ……………………………… 60

  3.2.3 污水处理的供求平衡分析 ………………………… 64

  3.2.4 污水处理供求关系对污水处理价格水平的影响 … 64

3.3 行业政策因素 …………………………………………… 65

  3.3.1 市场开放政策 ……………………………………… 68

  3.3.2 投融资政策 ………………………………………… 68

  3.3.3 收费政策 …………………………………………… 70

  3.3.4 特许经营政策 ……………………………………… 71

  3.3.5 监管政策 …………………………………………… 72

3.4 污水处理定价方法及比较分析 ……………………………… 73

3.4.1 污水处理定价方法的分类 …………………………… 73

3.4.2 污水处理定价方法比较分析 ………………………… 78

第四章 新疆城镇污水处理价格形成机制及政策演进 ……………… 83

4.1 新疆污水处理行业发展历程 ……………………………… 83

4.2 污水处理政府定价改革的必要性 ………………………… 88

4.3 新疆城镇污水处理价格政策的演变 ……………………… 89

4.4 新疆城镇推进污水处理费改革的主要措施 ……………… 91

4.4.1 全面开征并实行最低收费标准 …………………… 91

4.4.2 合理调整污水处理收费标准 ……………………… 92

4.4.3 新疆城镇污水处理收费情况 ……………………… 94

第五章 新疆城镇污水处理费形成机制的问题及原因 ……………… 97

5.1 新疆城镇污水处理费形成机制的问题 …………………… 97

5.1.1 污水处理价格形成机制不规范 …………………… 97

5.1.2 污水处理价格水平达不到成本回收要求 ………… 99

5.1.3 价格政策不完善 …………………………………… 101

5.1.4 价格政策执行不到位 ……………………………… 102

5.1.5 价格信息公开制度和意见反馈机制不完善 ……… 104

5.2 新疆城镇污水处理费定价机制存在问题原因分析 ……… 106

5.2.1 污水处理费的形成机制存在定性矛盾 …………… 106

5.2.2 收支两条线割裂了收费标准高低与污水处理企业盈亏关系 … 107

5.2.3 大幅度提高污水处理费与用户承受能力存在矛盾 ……… 107

第六章 国外污水处理费价格形成机制及借鉴 ……………………… 113

6.1 国外污水处理费价格形成机制 …………………………… 113

6.1.1 美国 ………………………………………………… 113

6.1.2 德国 ………………………………………………… 115

6.1.3 英国 ………………………………………………… 117

6.1.4 法国 ………………………………………………… 119

6.1.5　以色列 ……………………………………………… 121

6.1.6　新加坡 ……………………………………………… 123

6.1.7　日本 ………………………………………………… 126

6.1.8　澳大利亚 …………………………………………… 127

6.1.9　印度 ………………………………………………… 130

6.2　国外污水处理费价格管理实践比较 ……………………… 131

6.2.1　价格管理机构设置的比较 ………………………… 131

6.2.2　污水处理价格水平与结构 ………………………… 133

6.3　国外实践经验对新疆城镇污水处理价格形成机制的借鉴 … 136

6.3.1　完善调控政策，加快政府职能转变 ……………… 137

6.3.2　科学合理地制定污水处理服务价格 ……………… 137

6.3.3　建立有效的成本约束机制 ………………………… 139

6.3.4　健全立法，规范价格行为 ………………………… 140

6.3.5　采用行之有效的监管技术和工具 ………………… 141

第七章　完善新疆城镇污水处理价格形成机制的政策建议 … 142

7.1　政府牵头，以企业为主体，运用市场机制，治理水环境污染 … 143

7.2　以污水处理成本为基准，完善污水处理收费体系 ……… 144

7.3　逐步提高污泥处置能力，循序渐进实行污泥处理收费 … 145

7.4　引入区域比较竞争机制，采取有效手段降低污水处理成本 … 146

7.5　完善并有效执行污水处理价格制度体系，保障各方利益 … 147

附录 …………………………………………………………… 150

城镇排水与污水处理条例 …………………………………… 150

污水处理费征收使用管理办法 ……………………………… 163

城镇污水排入排水管网许可管理办法 ……………………… 169

关于制定和调整污水处理收费标准等有关问题的通知 …… 176

关于推进新疆水价综合改革的实施意见 …………………… 179

关于合理调整新疆污水处理收费标准的指导意见 ………… 187

参考文献 ……………………………………………………… 192

第一章 导 论

1.1 研究背景

1.1.1 污水处理是缓解水资源短缺和保护水环境的有效途径

随着中国城市化率的不断提高，水资源短缺和水污染成为政府和民众普遍关注的重要问题。中国是一个水资源相对贫乏的国家，虽然中国每年平均水资源总量为 28 100 亿立方米，居世界第 6 位，但人均水资源量只有 2 200 立方米，约为世界平均水平的 1/4，居世界第 110 位，被列为全球人均水资源 13 个贫水国之一。如果每年中国的污水排放量为 5 亿吨，那么中国的淡水只能维持 700 年。随着社会经济的快速发展和人口的增长，对水的需求量和水污染状况将急剧增加，水资源供需矛盾日益尖锐。从发展来看，水资源短缺及水环境恶化问题，已经成为中国社会经济可持续发展的重要制约因素。

据统计，目前中国城市缺水 150 亿立方米，农业缺水 400 多亿立方米。中国 669 个城市中，有 400 多个城市缺水，其中严重缺水的城市 110 多个，中国城市日缺水量达 4 800 万立方米，每年因城市缺水造成的直接经济损失达 2 800 亿元以上，受到影响的城市人口约 4 000 万人。不少地区因缺水引发地区之间、城乡之间的争水矛盾，影响社会安定。

同时，水环境恶化更使水资源短缺雪上加霜：中国江河湖泊普遍遭受污染，中国 75% 的湖泊出现了不同程度的富营养化；90% 的城市水域污染严重，南方城市总缺水量的 60%～70% 是由于水污染造成的。据对中国 118 个大中城市的地下水调查显示，有 115 个城市地下水受到污染，其中重度污染约占 40%。水污染降低了水体的使用功能，加剧了水资源短缺，对中国城市化进程、居民生活改善和经济可持续发展战略的实施带来了负面影响。

根据国家环保总局规划院和国家信息中心对供水和需水的预测结果来看，如果保持高速的经济增长，中国在未来 10 年中则有 500 亿～700 亿立方米左右的缺水量。目前北方的水资源开发利用程度大部分已经超过50％，海滦河流域水资源利用率已经超过了 80％，已远远超出世界公认的水资源开发利用极限——40％，因此北方地区缺水形势相当严峻。同时由于水污染的不断加剧，污染型缺水已经成为中国水资源供应安全的另一个重要问题，据测算，由于污染型缺水造成的损失已占到中国 GDP 的1％～2％，这一问题在南方地区尤为突出。干旱缺水地区水资源供不应求的矛盾已成为制约国民经济和社会发展的"瓶颈"。据估计，在未来 50 年内，中国城市污水排放量将呈直线上升之势，平均每年增长率达 2.46％。

水资源短缺和水污染已成为影响一些地方经济社会发展的最主要的制约因素。在这样的背景下，兴建污水处理厂，对污水进行集中处理成为治理城市水污染改善水环境的最重要方式。新疆地处欧亚大陆中心，其生态环境以干旱荒漠为主，水资源更为短缺，合理有效地利用珍贵的水资源和重复利用城镇污水，对新疆的社会经济可持续发展具有重要的意义。

新疆是典型的干旱地貌区，城镇都建立在沙漠或戈壁中的绿洲上，水资源短缺。随着新疆大开发和城市化进程的不断加快，水资源短缺和水污染问题将成为影响城镇发展的瓶颈因素。污水处理是城镇缓解水污染和保护水环境的重要途径。

目前，随着中国节能减排政策的不断加强、公众环保意识得到不断提高。污水处理行业成为重要的新兴产业。按照国务院《关于加强城市供水和水污染防治工作的通知》要求，要加大污水处理能力，提高污水处理回用率，所有城市都必须建设污水处理厂。虽然这几年我国的污水处理的数量和处理能力都得到很大的提高，但从总量上讲，与国外发达国家污水处理设施相比较差距仍较大。例如，美国已建有 2 万座污水处理厂，英国、法国、德国平均每万人就拥有一座污水处理厂，而中国 2008 年底建成的污水处理厂 1 300 座，还有近半数处于半开工状态，污水处理率不到70％。发达国家如英、法、德等国家的污水处理率和污水管网的普及率都在 90％以上，二级处理率为 80％～90％。这些都将说明在未来的一段时间内，污水处理行业在中国的发展潜力巨大，将成为解决中国城镇水污染问题的最重要方式。

1.1.2 科学合理定价是污水处理产业化市场化的核心

过去，在计划经济条件下，政府对污水处理企业按照事业性质单位经营，不收污水处理费或实行低污水处理费政策，即使污水处理企业亏损，也采取政府补贴的办法来维持污水处理企业的运营，这样的弊端显而易见，污水处理企业没有激励机制，管理人员和员工没有积极性和责任心，管理涣散，成本居高不下；而且也由于收费太低，导致了水资源的严重浪费。

随着改革开放，城市率不断提高，城市生活污水年排放量迅速增加，水体污染十分严重。虽然中国治理城市污水方面的投资不断提高，但污水处理业资金严重不足和管理不善等诸多问题还是制约污水处理业良性发展的"瓶颈"因素。虽然"九五""十五""十一五""十二五"期间，国务院采取了加大基础建设投资的力度，污水处理项目利用大量的国债资金，污水处理建设的总投资不断增长，但相对于发达国家，现在仍不容乐观。目前，中国城市污水处理方面投资占 GDP 的比例很低，甚至远低于英、美等国的 20 世纪 70—80 年代的水平。因此，中国借鉴国外的经验，进行体制改革，污水治理走产业化和市场化的道路，来解决中国污水处理资金缺乏和管理不善等的问题。

2003 年 10 月底《关于完善社会主义市场经济体制若干问题的决定》中明确指出"加快推进和完善垄断行业改革。对垄断行业要放宽市场准入，引入竞争机制"。2002 年 2 月国家计委《关于促进和引导民间投资的若干意见》："鼓励和引导民间资本以独资、合作、联营、参股、特许经营等方式，参与经营性基础设施和公益事业项目建设，鼓励和引导民间投资参与供水、污水和垃圾处理、道路和桥梁等城市基础设施建设。"该意见是第一个明确全面吸收非国有资本进入水务行业的文件。2002 年 11 月国家计委办公厅《关于加快项目前期工作，积极推进城市供水和污水处理产业化有关问题的通知》：进一步完善污水处理和垃圾处理收费办法，按照运行维护费用和资本保本微利的原则，逐步提高收费标准。2004 年 8 月建设部《关于加强城镇污水处理厂运行监管的意见》：城镇污水处理厂的运营管理必须按照政事分开、政企分开的原则；大力推行特许经营制度，严格实施城市排水许可制度，加快污水管网建设，完善收费制度，接受城市建设主管部门的监管，要逐步扩大污水处理信息公开的透明度。

中国的污水处理行业走向投资主体多元化，运营主体企业化、运行管理市场化道路，要形成开放式、竞争性的建设运营格局。在此背景下，污水处理的科学合理定价就成了一个核心问题。因为，价格机制是市场机制的核心，价格是一个信号灯，能够集中反映企业、政府和用水户的行为。对企业化运营污水处理单位而言，只有合理的价格，才能保证污水处理企业正常的投资和运营，并使企业赚取的合理的利润，投资者才能获得合理的收益。如果污水处理定价太低，就不可能有民间投资进入污水处理行业，不能形成市场，也不能形成竞争格局；用水户也可能因此不节约水资源，造成水资源浪费。如果污水处理的价格过高，污水处理企业可能获得超额的利润，但居民可能没有能力承受限制而交不起污水处理费，导致污水处理费征收困难，甚至社会动荡。因此要确定合理的污水处理价格，既能保证污水处理企业正常运营和投资者的合理收益，又能保护用水户的合法权益，还能实现政府对污水处理行业的调控作用。这是污水处理行业产业化和市场化的核心。

在污水处理市场化改革的过程中，中国几乎在所有相关的水价政策中都提出来要逐步提高污水处理费的要求（因为污水处理费是水价的重要组成部分），而且要求首先要把污水处理费提高到合理水平，缓解污水处理厂运行困难的问题。具体内容可以参看《关于加强城市供水节水和水污染防治工作的通知》（国务院第 36 号文件，2000）、《关于推进城市供水价格改革工作的通知》、《关于推进水价改革促进节约用水保护水资源的通知》（国务院办公厅第 36 号文件，2004）、《关于做好城市供水价格管理工作的有关通知》（发改价〔2009〕1789 号，2009）、2014 年 12 月 31 日发改委、财政部、住建部三部门下发《污水处理费使用管理办法》（财税〔2014〕151 号，2014）、《关于制定和调整污水处理收费标准等有关问题的通知》（发改价格〔2015〕119 号，2015）。

《通知》要求，收费标准要补偿污水处理和污泥处置设施的运营成本并合理盈利。2016 年底前，设市城市污水处理收费标准原则上每吨应调整至居民不低于 0.95 元，非居民不低于 1.4 元；县城、重点建制镇原则上每吨应调整至居民不低于 0.85 元，非居民不低于 1.2 元。已经达到最低收费标准但尚未补偿成本并合理盈利的，应当结合污染防治形势等进一步提高污水处理收费标准。未征收污水处理费的市、县和重点建制镇，最迟应于 2015 年底前开征，并在 3 年内建成污水处理厂投入运行。统计数据显示，目前中国 32 个大中城市中，居民污水处理费均价为 0.81 元/吨，只有北京、上海、南京、重庆、昆明等少数城市高于《通知》的 0.95 元/吨标准，80％的大中城市居民污水处理费需要提高。同时，除北京、上海、南京外，近 90％的大中城市非居民污水处理费未达到《通知》中 1.4 元/吨的最低标准。

新疆也下发了《关于合理调整我区污水处理收费标准的指导意见》（新发改农价〔2015〕1457 号，2015）要求，新疆维吾尔自治区设市城市污水处理收费标准原则上应调整至居民不低于 0.95 元/立方米，非居民不低于 1.4 元/立方米；县城、重点建制镇原则上应调整至居民不低于 0.85 元/立方米，非居民不低于 1.2 元/立方米。已达到最低征收标准但尚未补偿成本并合理盈利的，应当结合水污染防治工艺的改进进一步提高污水处理收费标准。各地具体征收标准可结合当地经济发展水平、水资源状况、污水处理成本、居民承受能力等实际情况确定。

污水处理费从"低价"走向"高价"，逐步达到收回运行成本和污泥处置成本并保持合理的盈利水平是为了缓解污水处理厂运行问题，给无数处理企业带来极大的利好，但引起了居民的不解和抱怨。污水处理的价格到底是多少？反映污水处理的真实成本才能保证污水处理企业的正常运行。对居民征收多少污水处理费才合理，让民众接受和理解，是污水处理行业科学合理定价的核心。

1.1.3　污水处理定价的特殊性

污水处理定价不是一般商品意义上的定价，具有很强的特殊性。首先，污水处理提供的不是一般意义上的商品，公众和客户对污水处理没有直接的需求，不能用一般的供求规律去解释。即使从水务服务的角度讲，污水处理是一种水服务的延伸，通过法律和制度来规定用水户需承担污水净化的义务和责任，污水处理服务也和用水户不直接发生关系，需要政府通过法律或行政的手段让用水户缴纳污水处理费，以作为修复水环境的资金补偿。其次，污水处理行业具有明显的区域自然垄断性，不能采用简单的边际成本定价，来实现社会资源的优化配置。因为边际成本定价无法产生足够的收入弥补企业成本，而导致污水处理企业亏损，而平均成本定价和其他定价方法又可能未必是社会最优的产量水平。第三，污水处理企业与政府和用水户之间存在信息的不对称性。即使以成本为基础确定价格水平，污水处理企业对污水处理成本信息的掌握程度远远超过了政府和用水户，运用何种机制是污水处理企业能够较为真实地显示自己的成本，也是在定价中要解决的难题。第四，污水处理定价考虑的因素很多。水环境、污水处理政策环境、行业技术水平、水污染程度、人口环境、经济收入水平、污水处理工艺、污水处理程度、污水处理企业经营模式、污水处理投资结构、污水处理定价的主体，污水处理价格形成机制等多种因素都是污水处理定价要考虑的。综合考虑这些因素，污水处理定价是一个复杂的过程。按照经济学原理如何理顺污水处理定价中的各主体的关系，建立有效的价格形成机制，确定科学合理的污水处理的价格水平和价格结构，使污水处理行业健康持续的发展，是污水处理行业现阶段值得关注的重要问题。

1.2　研究目的与意义

1.2.1　研究目的

污水处理行业具有典型的区域自然垄断、投资成本高、投资回收期长、外部性、信息不对称性和客户对产品没有直接需求等特征。中国传统的污水处理行业的组织方式是政府投资并负责生产，费用由全部由政府承担。这样造成的财政压力、企业内部效率低下、水资源浪费严重等问题是显而易见的。随着改革开放的进一步深入，污水处理走产业化的道路，鼓励国外资本和民间资本进入污水处理市场，污水处理厂实行政企分开、企业化经营，并向用水户征收污水处理费，保证污水处理企业的投资运行。这时就面临这一个问题，即污水处理应该如何定价。污水处理行业的技术经济特性决定了政府的定价陷入两难境地：边际成本定价符合社会资源最优配置的产量水平，但无法产生足够的收入弥补污水处理企业投资和生产成本，因而将导致经营企业的亏损；能够弥补污水处理企业成本的平均成本定价或其他定价规则又可能违背社会最优的产量水平，使资源得不到最优的配置，政府将在资源配置效率和企业的持续经营间进行权衡，选择一种次优或者符合现实目标的定价原则和定价方法，即能够接近资源配置效率的优化又能够保证企业的运行。还有由于政府和污水处理企业之间存在信息不对称性，企业管理者处于利益的驱动，可能虚报污水处理成本。如何让污水处理企业显示真实的成本。也是污水处理定价研究的主要问题。

本课题研究的目的有两个：①在深入调研新疆污水处理收费政策和污水处理企业建设运行情况的基础上，综合考虑影响污水处理定价的运行成本、投资成本、合理利润、工程技术因素等各种因素，分析新疆污水处理企业成本和收费存在的问题。②在分析新疆污水处理收费政策和污水处理企业真实运行情况的基础上，借鉴国内外经验，提出完善新疆污水处理企业收费的政策建议。

1.2.2 研究意义

1.2.2.1 理论意义

产品定价是一个恒久的课题，作为实现社会资源和社会福利配置的重要手段，产品定价一直是经济理论研究的核心问题之一。产品定价的理论研究与商品经济的发展相伴而生。大部分商品的价格都是由市场的供求关系来决定，让价格充分发挥其杠杆的调节功能，实现资源的优化配置。但是，另一方面，如同西方许多国家一样，市场不是万能的，市场会失灵，通过市场的手段无法实现资源的优化配置，如：公共事业、邮电、交通等行业，有许多商品的价格都需要政府来定价，或者说政府进行价格管制。污水处理行业属于公共事业，具有自然垄断、正外部性、不可替代性、产品和客户无直接联系和资本密集型等技术经济特性，所以其定价不同于一般商品意义上的定价，是政府主导的定价。政府在污水处理定价过程中，需要考虑到要素很多，如何既实现资源的优化配置，又能使企业持续的经营，还能保护消费者的利益，这不但是一个复杂的政策问题，也是一个学术性极强的理论问题。

本课题污水处理定价问题研究运用了公共经济学、管制经济学、资源经济学、价格学、环境经济学、区域经济学、项目管理学、会计学等多个学科领域的基本理论。运用实地调研、调查问卷、数量和比较分析的研究方法，分析影响新疆污水处理收费定价的主要因素，发现新疆城镇污水处理收费价格形成机制中存在的问题，并分析其原因，在借鉴国外污水处理价格形成机制的基础上，提出相应的政策建议。

1.2.2.2 现实意义

产品定价作为沟通商品买卖双方行为的基本桥梁，因涉及所有社会成员的利益而具有强烈的现实意义。污水处理定价涉及的利益主要是政府、污水处理企业和用水户，也可以说，污水处理定价是这三方博弈的结果。假定污水处理是向社会提供的一种服务，用水户总是希望通过较低的价格享受到优质的服务，而污水处理企业总是希望能够有较高的污水处理价格，因为较高的污水处理价格才能保证企业的正常的运行并获得可观的利润。作为政府，既希望污水处理企业为社会提供良好的污水处理付费，改善水环境，又希望消费者的利益得到保护。而且政府拥有强制权力以保证污水处理收费征收并支付给污水处理企业使其能够正常的运行。

因此从现实的角度看，科学合理的污水处理定价具有三方面的现实意义：一是科学合理的污水处理定价是消费者利益有效的保证。科学合理的污水处理收费价格，使用水户觉得自己所支付的污水处理费实现了本该由自己承担的污水净化义务和责任。如果污水处理收费过高，有垄断价格的成分，把一部分消费者的利益转嫁给生产者，这样就会使用水户利益受到损害。二是科学合理的污水处理定价是污水处理行业良性可持续发展的根本保证。污水处理企业的收入来源就是污水处理费，合理的污水处理费，既能保证污水处理企业的正常运行，又能使投资者获得合理的投资回报，并具有推动技术进步的积极性。因为科学合理的价格就要保证能够刺激企业生产效率、维护企业发展潜力和促进社会分配的效率提高的作用。如果污水处理费定价过低，就不能保证污水处理企业的可持续经营，也打击投资者进入污水处理行业的积极性，或降低投资者的投资意愿。三是科学合理的价格是政府价格管理的重要手段。通过科学合理的定价机制，形成合理的价格水平和价格结构，既维护消费者的利益，又保障污水处理企业的持续经营；既改善了水环境，又能使社会经济得到可持续发展，使政府的职责和功能得以良好的实现。

经过近几年的大力发展，新疆的污水处理能力有了较大的提高，污水处理费也从无到有，但这与国外发达国家和内地发达地区相比仍有很大的差距。主要表现在：污水处理价格倒挂，不能真实反映污水处理成本；城市污水设施陈旧、落后，而且仍然严重不足；污水处理企业开工率低，处理污水量少；资金严重不足和行业内企业整体效益不佳等问题。迄今为止，新疆城市污水处理行业整体上仍接近亏损状态。而且，近年来随着人口、资源、环境和经济之间的矛盾日益加剧，新疆水资源短缺和水污染状况成为政府部门、学术界和其他社会团体十分关注的热点问题，其中城镇污水处理的市场化和产业化也成为关注的焦点。因此，如何确定合理污水处理价格水平，促进污水处理行业的可持续发展，对促进新疆水资源的可持续利用，促进经济、社会和环境的协调发展，为政府和企业提供决策依据具有重要的现实意义。

1.3 国内外研究动态

1.3.1 国外研究动态

在国外有关城市污水处理定价的理论研究主要以管制经济学和公共经济学为基础。最初管制经济的一些成果主要见于微观经济学和产业组织理论中。直到 20 世纪 70 年代，西方学者将这些研究成本加以系统化，形成了一门独立的学科，称为管制经济学。能够集中体现管制经济学研究成果的首推卡恩（Kahn，1970），其经典的教材《管制经济学——原理与制度》，他认为，公共部门和公共事业是两个"竞争性市场模型明显不能描述或甚至无从描述"的经济部门，因而，作为一种制度的安排，需要政府命令取得竞争来维护良好的经济绩效。他认为出于对公共利益的保护，必须通过政府定价（即政府进行的价格管制行为）的手段来纠正市场失灵的问题，因此，被称为公共利益理论。公共利益理论以福利经济学为基础，在很长的一段时期内，一直在政府管制经济理论中居于统治地位。并在竞争政策、反托拉斯政策和产业政策里得到了广泛的应用。如：通过价格管制来约束厂商制定出社会最优价格、通过进入管制满足一个厂商生产效率的要求等经济性管制；提供产权界定，将外部不经济转化为企业内部成本等社会性管制；以及为解决"外部性"问题，进行的征收排污费、污染税等。公共利益理论的前提假设是政府是仁慈的，代表的是公众的利益。政府通过价格干预的手段对市场失灵现象进行修正，是为了社会福利考虑，实现资源的帕累托配置，追求社会福利的最佳化。

然而，公共利益理论本身存在许多的缺陷，如：在现实经济中，管制者并不总是始终如一、忠诚地代表公众利益。由于政府的不忠和掌握信息的不全面，政府可能被其他利益集团"俘获"。不代表公众的利益，为其他经济集团服务，这种理论称部门俘获理论。这种理论的代表人物为乔治·斯蒂格勒，他在 1971 年发表了题为"经济管制论"的文章，首次尝试运用经济学的基本范畴和标准分析方法分析规制是如何产生的，开创了管制理论的先河，该文章的结果支持了部门利益理论的观点。部门俘获理论引发了政府对管制制度建设中的制衡机制设计和改进的思考，在部门俘获理论的基础上，美国著名经济学家鲍莫尔（Baumol）与帕恩则（Panzar）等于 1982 年提出了可竞争市场理论，他们共同发表了《可竞争市场与产业结构理论》一书。使政府对自然垄断、竞争与政府管制的关系进行了重新思考，后来世界各国自然垄断行业放松管制运动提供了理论依据。可竞争市场理论认为：如果一个市场是可以竞争的，那么在位的厂商迫于潜在进入的压力，调整自己的行为，从而减轻或者避免垄断行为导致的配置效率的损失，在此情况下，垄断均衡的行业格局和产品的价格水平是可以维持的，因此就可以实现范围经济和规模经济下成本最大程度的节约和社会资源的优化配置。所以政府管制的重点应当降低产业进入的壁垒，创造竞争的环境。

放松管制并不意味着全部取消管制，而是必须对传统的管制制度进行改革。针对传统管制理论对信息不对称和政府黑箱问题的忽视，让·雅克·拉丰（Laflbn，1986）和泰勒尔（Tirole，1986）等一些学者对此进行了开创性的研究，形成了激励性管制理论，他们将博弈论与激励理论应用于激励性管制理论分析，对激励管理理论进行了系统全面地阐述，使管制经济学达到了一个新的高度。激励管制理论是在信息不对称的前提下研究管制者和被管制者之间激励契约的设计，即委托——代理关系，其本质是通过契约设计来减少因信息不对称而带来的道德问题、竞争不足以及寻租等问题，进而促进企业降低成本、提高质量、改善服务和诱导企业行为逐步接近社会福利最大化的水平。其的政策含义在于，政府可以运用管制工具（如成本补偿机制、特许投标制和价格上限政策）等来实现理论上的最优管制。这种管制理论是现代管制理论的最新发展。

在管制经济学研究的进展中，核心问题就是不能用完全竞争方式来确定商品和服务的价格问题，即公共定价问题。公共产品或服务的价格由政府直接或间接来确定，如何确定这些产品的价格才能实现资源有效配置和福利的公正分配。许多学者包括（包括以上提到的学者）做了深入的研究。主要包括公共定价的主体、公共定价的目标和原则、定价方法和在不同约束条件下如何实现资源的优化配置的研究。如：涉及价格水平的边际成本定价、平均成本定价、投资回报率定价、最高限价和最低限价、特许权定价等；涉及价格结构的两部定价、高峰定价、交叉补贴等，并分析了这些定价方法的优缺点和局限性。这些定价理论的研究进展，有的在现实中得到有益的实践。包括在城市污水处理行业的实践。

城市污水处理设施是现代化城市经济发展和水资源保护不可或缺的组成部分。西方发达国家的工业化水平和城市化率都比较高，环境保护意识比较强，所以污水处理厂建设和运行也比较完善。比如：芬兰就是世界上城市和工业废水处理最发达的国家。在污水处理定价方面，发达国家已有较成熟的经验。一般都认为，污水处理企业不管是公有还是私有，都应该确定污水处理合理的价格并向用水户收取污水处理费，比如：英国通过最高限价的方式确定污水处理费的价格，美国通过投资回报率确定污水处理的价格，法国通过委托经营权拍卖等形式确定污水处理的价格，合理的价格可以保证污水处理企业的正常运行和发展。同时，向水使用者收取污水处理费有利于促进污染制约机制和治污筹资机制的形成；有利于落实"污染者负担、使用者付费"的原则；具有刺激污染物削减、筹集资金、激励污染控制技术创新的作用。由于收费手段自身的长处，它逐步成为环境经济手段中应用最广泛的一种。世界上许多国家结合各自的具体情况采取了不同的污水处理定价和收费政策。

在西方许多国家，污水处理费是水价的重要组成部分，并且其占总水价的比例相当高。在加拿大城市污水处理费通常与水费一起征收。污水费计算方式有两种：一种是水费乘以一个系数，在大多数情况下，这个系数大于40%，有的甚至超过100%；第二种形式是按污水费率计算污水处理费。在英国供排水系统服务费包括供水水费、排放污水费、地面排水费和环境服务费。水价机制是激励型价格上限与全成本水价。OFWAT（水务办公室）的水价制定原则是：区别性原则（对不同地区、不同用途和不同标准的供水服务和污水处理服务实行不同的费率结构和水价）；成本原则（征收水费应反映和覆盖供排水服务的成本）；公平原则（对相同的污水处理服务征收相同的水费）。在法国污水处理费的构成包括偿还贷款、银行利息、运行管理费、维护费、设备技术改造费等。法国对污水处理系统采用委托经营的方式，但政府通过市政议会始终控制着价格。

1.3.2　国内研究动态

中国污水处理市场化改革历程还比较短，关于污水处理定价的研究还处于不断探索的阶段，有许多学者在污水处理定价方面也做了大量的研究，其研究的内容主要包括以下几个方面：

1. 在污水处理价格的性质及与其他水价构成因素方面

傅涛等认为："污水处理费从性质上看是一种环境水价，是用水者对一定区域内水环境损失的价格补偿。补偿的尺度决定于城市排污总量与环境自净能力的差值，也决定于地方政府与用水者环境支付之间的责任分摊比率。""越是城市化程度高、人口密集的地区，环境自净能力越差，需要支付的环境水价会越高；地方政府财政选择性承担的环境责任越小，公众支付的环境水价会越高。治污的责任主体是政府，因此，环境水价的性质是一种政府的事业性收费，不是一般意义上的商品价格，不需要执行价格听证，而需要由地方政府的监督机构予以约束。""从使用方向上看，环境水价则是对政府支付环境补偿费用不足部分的补充。地方政府如果以其他享受委托或授权社会企业承担污水处理设施的建设和运营责任，则是一种经济属性的商业委托，不能推卸政府固有的环境责任。环境水价收取的前提是地方政府拥有环境修复的财政不足，环境水价过低，将影响地方政府在环境领域的财政能力，从而加大政府对污水处理设施运营商进行商业支付的违约风险。"（傅涛、张丽珍，2006）韩美认为：一些城市目前征收的排污费或污水处理费体现了外部成本，但它并不是完全意义上的外部成本，而只是外部成本的一个方面，而完全意义上的外部成本应包括水污染造成的经济损失和恢复水环境的费用（韩美、张丽娜，2002）。广东物价局课题组认为污水处理费是污染物处置价格，是降低和消除污染物对环境的破坏，对污染物处置所支付的成本补偿费用。对污染物排放者来说，它体现了"污染者付费"的理念；对处置者来说，则体现了"保护者受益"的理念。属于补偿型环保价费体系，是强制污染者对排放污染做出补偿，促进生态保护（广东物价局课题组，2008）。傅平等认为：完全成本水价最能够体现水资源的商品性，可促进水资源利用效率和实现水资源可持续利用。完全成本由水资源的机会成本、内部成本和外部成本构成。机会成本是水资源价值的另一种表述，相当于水资源价值；内部成本包括水文勘探和水质监测成本、水利工程和自来水基础设施的建设和运行维护成本；外部成本是指污水对环境损害的成本。在目前的实践中，水资源费、水利工程费、自来水处理费和污水处理费就基本构成了完全成本水价。污水处理费指为用户提供排水和污水处理服务而收取的费用，其目的是补偿排水和污水处理设施的建设、运行和维护管理成本，应包括税金和适当利润。它近似替代污水对环境损害的成本（傅平、谢华、张天柱、陈吉宁，2003）。沈大军认为：水管理由水资源管理、水服务管理和水环境管理三部分组成，水价的制定也应包括水资源费的制定，水服务（供水和污水处理）价格的制定和排污费的制定。水资源费的制定要体现的是合理开发利用水资源的经济激励原则，水服务价格的制定需要解决如何保障服务满足公平、效率的问题，排污费的制定面对的是如何合理利用水环境承载能力和水环境保护的问题。在其中，水资源费和排污费的制定属于社会和环境管理的范畴，水服务价格制定属于经济管制的范畴（沈大军、陈雯、罗健萍，2006）。

2. 在污水处理价格变动趋势方面

杨东华等通过 FEASIBLE 模型研究了城市污水处理价格标准的提高对居民承受能力的影响，并认为在不超出家庭可承受范围情况下，增加污水排放价格还有一定的空间；无论采取何种战略进行融资，都需要提高污水处理收费但提高速率不同。在 2000—2015 年，污水处理费价格标准会迅速提高（杨冬华、葛察忠等，2005）。伊雪秋认为："污水处理费的征收，从长远来看，它应该与城市供水价格大体相同，因为污水处理的成本与供水成本相当，甚至更高。近期来说，主要是要逐步提高污水处理费的标准，能够通过几年的努力达到补偿污水处理厂的建设成本、运行成本，还有管网的维护成本"（伊雪秋，2007）。李仕林认为如果立即实施污染者全部付费的原则，污水处理费肯定会高过供水费用，一部分城市居民会有困难，目前各地的污水处理收费，是根据承受能力制定的，不是根据全部成本制定的。因为中国在实施城市污水处理市场化过程中，对城市居民的收费标准存在一个过渡期，不同城市不同地区其过渡期也不同。这部分"缺口"不能由污水处理厂业主承担，而应由当地政府承担（李仕林，2004）。

3. 在污水处理定价存在的问题方面

王成芬认为：中国现行政府管制体制造成了"低污水处理价格＋亏损＋财政补贴"模式，限制了污水企业的商业化运营和发展。同时，中国城市水的管理比较落后。多种因素造成实际污水处理价格不能随成本、费用的变化而变动，在很大程度上影响了行业效益（王成芬，2007）。唐铁军认为：中国污水处理价格与污水处理产业快速发展的要求还有很大差距，污水处理价格对产业发展的支撑作用还没有充分发挥。这些矛盾和问题突出地表现在：价格标准的提高与社会承受能力的矛盾；价格改革进程加快与污水处理行业体制改革进程相对滞后的矛盾；污水处理费与污水排污费征收过程中的矛盾；污水处理产业的收费补偿与财政补偿问题，并就以上问题提出相应建议（唐铁军，2007）。刘雪梅等认为：现行污水处理价格的确定成为政府两难的选择；保本微利的给付原则成为政府为企业上的"保险"；行政事业性收费体制使污水处理服务成为"包办婚姻"。并建议污水处理收费改行政事业性收费为经营服务性收费；建立公益性定价与市场定价相结合的价格形成机制；打破保本微利的思维定式（刘雪梅、何逢标，2006）。一些学者普遍认为：目前中国绝大多数城市尚未建立起合理的污水处理费征收机制，污水处理收费偏低，污水处理费征收标准和污水处理成本之间差距较大，直接影响污水处理设施的建设和运行（刘戒骄，2007；林芳莉，2008；孙永利等，2008；王娟，2004）。王春兰也认为污水处理价格的"两难"选择是完全市场化难以运作的技术障碍（王春兰、罗玉林，2008）。

4. 在污水处理定价的思路和原则方面

贺恒信等认为按照新公共管理的实践，要把政府公共服务承包出去，成本确定和价格制定极为关键。到目前为止，中国污水处理价格标准仍然较低，要使企业更好地运作污水处理设施，必须全面落实污水处理价格政策，逐步实现价格标准与成本持平，或有微利，使污水处理企业具备偿还设施建设投资贷款和维持正常运营费用的能力。"污水处理费的征收要以处理污水的实际费用为基础，并考虑社会公众的实际承受能力，因此征收污水处理费要有一个合理的定价，污水处理费的定价是污水处理费征收政策得以有效实施的关键"。污水处理费的定价原则：成本补偿、合理盈利原则；保证居民承受能力和差别的原则（贺恒信、薛玮，2006）。

5. 在污水处理的定价模型及方法方面

何继新等认为中国的公共服务定价缺乏成本规制，拉姆赛法是公共服务产品定价的首选，并提出了政府公共服务价格规制的路径（何继新、顾凯平，2008）。沈大军提出了污水处理定价的三种方法。即：边际成本定价法、平均成本定价法和拉姆赛定价法，并对三种定价方法进行了评述（沈大军、陈雯、罗健萍，2006）。谢标在水资源方法初探中提出了边际水资源污染治理及损害成本（Marginal Water Treatment and Destruction Cost）的概念，并在社会净效益最大的条件下，边际水资源污染治理费用与损害成本等值，可确定边际水资源污染治理及损害成本计算模型（谢标、杨永岗，1999）。高华等提出了循环经济理念下的污水处理项目收费定价的必要性、定价原则和定价模型。并对定价模型在实践中进行了应用（高华、朱俊文，2007）。王希希通过测算满足城市污水处理厂投资需求的污水处理理想价格水平，以及城市污水处理价格体系下的理想投资结构以及不同价格水平下单位政府投资带动社会资本的能力，分析现行污水处理价格与理想价格之间的差距，政府投资对社会资本的带动能力及二者间的合理比例（王希希、陈吉宁，2004）。刘征兵从污水处理价格的涵义发展、定价的理论模型、资产专用性对定价机制的效用、定价的基本原则及假设条件等方面对污水定价机制进行了阐述。并以深圳样本为例对污水处理定价进行了实证研究（刘征兵，2006）。

在特许经营定价方面。韩明杰列出了影响污水处理 BOT 项目特许价格的十五种风险因素，提出了风险分担格局变量。分析得出决定特许价格的定价要素是成本、投资收益率和进水量，同时存在着政府部门要求和政府补贴两个约束条件。把风险成本、风险日进水量、风险投资收益率引入净现值的计算公式，通过风险分担格局变量实现风险分担，从而构建了一个基于风险分担的污水处理 BOT 项目特许定价模型（韩明杰、杨卫华，2006）。牛学义列举了在签订城市污水处理厂污水处理服务协议时，协议双方所关注的进水水质、污水量和污水处理费结算等技术性问题，并提出了污水处理费用结算和补偿公式（牛学义，2004）。

表 1 - 1　国内研究动态简表

研究内容	代表人物	主要观点
污水处理费的性质	傅涛	是一种环境水价，是用水者对一定区域内水环境损失的价格补偿，是一种政府的事业性收费，不是一般意义上的商品价格，不需要执行价格听证
	韩美	体现外部成本，但它并不是完全意义上的外部成本，而只是外部成本的一个方面
	广东物价局课题组	污染物处置价格，是降低和消除污染物对环境的破坏，对污染物处置所支付的成本补偿费用
	傅平	污水处理费指为用户提供排水和污水处理服务而收取的费用，其目的是补偿排水和污水处理设施的建设、运行和维护管理成本，应包括税金和适当利润。它近似替代污水对环境损害的成本
	沈大军	是水服务价格，属于经济管制的范畴

（续）

研究内容	代表人物	主要观点
在污水处理价格变动趋势上	杨东华	在不超出家庭可承受范围情况下，增加污水排放价格还有一定的空间；无论采取何种战略进行融资，都需要提高污水处理收费，但提高速率不同
	伊雪秋	近期来说，主要是要逐步提高污水处理费的标准，能够通过几年的努力达到补偿污水处理厂的建设成本、运行成本从长远看，它应该与城市供水价格大体相同
	李仕林	如果立即实施污染者全部付费的原则，污水处理费定会高过供水费用，一部分城市居民会有困难，目前各地的污水处理收费，是根据承受能力制定的，不是根据全部成本制定的
污水处理收费存在的问题	王成芬	"低污水处理价格＋亏损＋财政补贴"模式，限制了污水企业的商业化运营和发展。
	唐铁军	收费标准的提高与社会承受能力的问题；收费改革进程加快与污水处理单位体制改革进程相对滞后的问题；污水处理费与污水排污费征收过程中的问题；污水处理产业的收费补偿与财政补偿问题
	刘雪梅	现行污水处理收费价格的确定成为政府两难的选择；保本微利的给付原则成为政府为企业上的"保险"；行政事业性收费体制使污水处理服务成为"包办婚姻"
	尹继娟	对新疆城市污水处理问题进行了探讨
	和鲁	对新疆小城镇污水处理问题进行了探讨
	刘戒骄	中国绝大多数城市尚未建立起合理的污水处理费征收机制，污水处理收费偏低，污水处理费征收标准和污水处理成本比较，差距较大，直接影响污水处理设施的建设和运行
污水处理定价的思路和原则	贺恒信	按照新公共管理的实践，要把政府公共服务承包出去，成本确定和价格制定极为关键。污水处理费的定价原则：成本补偿、合理盈利原则；差别原则和保证居民承受能力的原则
污水处理定价的模型与方法	何继新	中国的公共服务定价缺乏成本规制，拉姆赛法是公共服务产品定价的首选，并提出了政府公共服务价格规制的路径
	沈大军	污水处理收费定价的三种方法。即：边际成本定价法、平均成本定价法和拉姆赛定价法

（续）

研究内容	代表人物	主要观点
	谢标	提出了在社会净效益最大的条件下，边际水资源污染治理费用与损害成本等值，可确定边际水资源污染治理及损害成本计算模型
	高华	循环经济理念下的污水处理项目收费定价模型
污水处理定价的模型与方法	王希希	测算满足城市污水处理厂投资需求的污水处理理想价格水平
	刘征兵	构建了一个定价的理论模型
	韩明杰	构建了基于风险分担的污水处理 BOT 项目特许定价模型
	马乃毅	构建了基于 SB-DEAw 污水处理定价模型
	高琴	对新疆主要城镇污水处理厂规模技术有效性进行了评价
	牛学义	提出了污水处理费用结算和补偿公式

1.3.3 国内外研究综述

在国外理论研究方面主要以管制经济学和公共经济学的发展为主要研究思路。从严格管制到放松管制，从完全垄断到市场化运作，不同的经济学者都提出来自己的理论观点，但是在公共利益和效率之间如何更好地平衡，还是需要进一步研究。在实践方面，国外的污水处理行业的发展相对已经很完善，各国的污水处理管理模式也不尽相同。法国主要采用特许经营的方式，英国主要是私有化的方式，而美国主要是地方政府负责污水处理。由于采用的污水处理模式不同，对污水处理价格的计算和征收也不尽相同。但大部分国家也是把污水处理价格作为水价的一部分。而且企业的财务成本核算透明度高，政府的监管和管理水平较高。使国外在污水处理价格水平和结构上能够很好地兼顾各方的利益。

中国政府明确提出污水处理业走产业化和市场化的道路。污水处理也从典型的公共事业转变为服务业，污水处理企业从事业单位转向企业化经营，成为独立经营，自负盈亏的实体，污水处理费的性质也从事业性收费转向经营性收费。那么一个核心问题就如何确定污水处理价格水平问题。然而要讨论价格水平问题，应当明确污水处理企业的性质。从公共事业的角度出发，是把污水处理价格看成是对环境水价，收费目的主要是对环境修复的财政补偿。环境水价主要解决的是外部性问题，水污染的外部性是很难衡量的。从理论上讲，污水处理只解决了一部分污水的外部性问题，因为，即使处理过的水也不能完全和原水等同。但现实中往往将污水处理当作解决外部性的办法，以污水处理的全部成本价来衡量外部性。

从服务业角度出发，污水处理收费是一种服务性价格，是污水处理企业为用水户提供服务应当得到的合理的收入。而合理性如何体现，是污水处理定价成为核心问题，是在污水处理达到国家规定标准的前提下，以污水处理成本为基础的一定利润或回报。然而在中国现在的市场化程度下，如何合理的确定成本和利润率还是具有一定的难度，包括特许经营定价中存在的问题。

以上对污水处理价格的理解可以归纳为三种观点：第一种观点认为污水处理费是环境水价的一部分，是政府为弥补环境修复不足而收取的一定费用，也是基于公共事业管理的角度。第二种观点认为污水处理费是一种服务性价格，和供水一样，是污水处理厂提供给社会的一种服务而收取的一种费用，服务收取一定的价格标准，要能使服务企业适当的盈利。第三种观点认为污水处理价格是水价中的外部成本。以上三种观点形成是由于中国污水处理还处于发展转型阶段，中国虽然污水处理取得了很多成绩，但是离产业化、市场化和私有化还有一段距离，污水处理还没有成为真正的服务业。

在污水处理价格标准上，大部分都认为现在的污水处理价格标准比较低，不能保证污水处理企业的正常运行。污水处理费不管是在中国水价中的比例还是和外国水价中的污水处理费相比较，都相对比较低，需要增加污水处理费在水价中的比重，但是增加多少，很少有专门的定量研究。

在污水处理费定价方法上，主要是以成本法为基础的成本加成为主。借鉴外国经验，对特许经营定价也有较深入的研究。还有相关的如影子价格、拉姆赛方法等定价方法也进行了相应的研究。系统地针对区域的情况，考虑污水处理效率因素来研究污水处理定价方法的较少。由于中国特别是新疆污水处理行业还处于初级阶段，污水处理定价方法定性介绍的多，建立模型量化研究的较少。

综上所述，国外对污水处理价格管理的研究主要集中在公共利益和效率之间如何更好地平衡问题上，完全由政府提供污水处理服务会降低污水处理企业的运行效率；由市场提供污水处理服务，企业运行效率高，但也存在污水处理费上涨过快和信息不对称等问题，这些问题都需要进一步研究。每个国家的污水处理行业价格形成机制和管理模式也不尽相同，各有利弊。国内关于污水处理价格形成机制和管理的研究，概念性质研究的多，定量研究的少；指出问题的多，深入具体分析影响污水处理费的因素少；国外方法介绍多，适合区情和区域环境的价格形成机制和管理模式的创新研究少。

1.4　研究的范围、思路、内容与方法

1.4.1　研究范围

新疆城镇污水处理价格形成机制和管理研究，研究的范围主要是指在新疆区域内城市生活污水处理的价格管理问题，包括城市污水处理价格的形成政策和制度，污水处理价格管理和实施等相关的内容。参与污水处理价格制定应对包括三个主体，即政府、污水处理企业和城市用水居民。城市生活污水处理处于公共事业，政府有保护环境的责任，因此政府需要参与到污水处理中来。污水处理企业的参与污水处理，需要收回相应的成本并有盈利，了解真实的污水处理成本，这是确定污水处理价格水平的基础。居民用户是自来水的使用者，并造成了生活污水，按照"谁污染谁付费的原则"，居民应当承担相应的污水处理费，但是由于居民收入和承受能力的差异，为了能够体现公平的原则，需要对不同的用户确定相应的污水处理结构，满足用户的需要。

1.4.2　研究思路

由于消费者对污水处理产品本身没有直接需求，所以不能从需求方来确定污水处理价格水平，也不能通过供求平衡来确定价格水平。因此污水处理价格水平的确定需从污水处理企业本身的处理成本来确定。然而由于污水处理企业自身的技术经济特性，按照边际成本定价实现了资源的优化配置，导致企业亏损不能持续经营；按照平均成本定价保证企业的正常运行所需成本，但偏离了资源优化配置的目标。还有，由于污水处理企业掌

握的成本信息要多于政府，污水处理处于自身的利益考虑会虚报成本，导致污水处理价格水平过高，污水处理企业获得超额利润，造成消费者福利损失。所以政府要对污水处理进行价格管制，由政府来确定污水处理价格水平，使污水处理价格水平保持在一个合理的状态，既能让企业不获得超额的利润，又有企业保持生产的动力，使资源配置尽可能地接近优化配置的目标。

本课题运用公共经济学和公共管理理论，分析新疆污水处理价格形成机制和管理中存在的问题，对影响污水处理定价的因素和污水处理定价方法进行深入分析，借鉴国内外污水处理价格管理的经验，提出新疆污水处理价格形成机制和管理的政策与建议。

1.4.3 研究内容

1. 分析污水处理行业的技术经济特性

污水处理行业具有区域自然垄断、资本密集型、投资回收期长、信息不对称、正外部性和产品与客户无直接联系等特点。这决定了污水处理价格具有很强的特殊性。不管是从环境水价角度还是从水服务角度来分析，污水处理的价格形成都有难点。政府要进行污水处理市场化改革，提高污水处理企业运行效率，缓解水资源短缺和保护水环境，其核心是必须建立行之有效的污水处理价格形成机制。

2. 对新疆现行的污水处理价格管理政策进行分析

通过对新疆污水处理价格及相关政策的分析，指出新疆污水处理行业价格政策中存在的主要问题，并分析其产生的根源。

3. 对国外城镇污水处理价格形成机制和管理模式进行比较分析

通过对国外污水处理价格形成机制和管理模式的优点、缺点和使用范围等情况进行分析和总结，找出新疆污水处理价格形成机制和管理方面可借鉴之处。

4. 对影响污水处理价格水平和价格结构的因素进行分析

通过对影响污水处理价格水平和价格结构的因素分析，找出影响污水处理价格的关键因素和关键环节，并对现行定价方法中存在的问题进行分析，确定新疆现阶段污水处理价格管理的政策和目标。

5. 提出新疆污水处理价格形成机制和管理的政策与建议

结合实证分析的结果和借鉴国外相关管理经验，在综合考虑影响新疆污水处理价格水平和价格结构的各种因素的基础上，提出新疆污水处理价格行成机制和管理的政策与建议。

1.4.4 研究方法

1. 文献梳理法

对污水处收费相关文献进行收集、整理，梳理分析污水处理价格形成机制和管理相关研究的成果以及需要进一步研究的动向。为课题理论研究做好铺垫。

2. 问卷调查和实地调查法

通过选取调查样本，发放调查问卷和实地调查方法，获取一手资料和数据，掌握污水处理企业基本经营情况和成本数据，以及城镇居民的实际收入水平和污水处理费支付意愿。走访相关污水处理收费相关政策的制定部门以及污水处理企业的相关部门，了解和掌握新疆污水处理企业及污水处理费政策及征收真实情况。

3. 比较分析法

通过对国外污水处理价格形成机制和管理理论与实践进行对比分析，找出新疆可借鉴之处；通过对新疆不同城市污水处理企业之间规模成本及收费效率对比分析，找出科学合理的污水处理价格水平和价格结构。

第二章　污水处理定价的理论基础

2.1　市场失灵与公共定价

2.1.1　市场失灵理论

自由放任的思想在西方经济学发展史上一直占据主导地位。以亚当·斯密为代表的古典经济学家认为，在"看不见的手"调节下，供求决定了生产什么，生产多少和如何生产？当个体自身在追求个人利益时，个体就像被一只看不见的手所引导而去实现公众的最佳福利。这只"看不见的手"就是市场价格机制。价格机制是在竞争过程中，与供求相互联系，相互制约的市场价格的形成和运行机制。价格机制是在市场机制中最敏感，最有效的调节机制，价格的变动对整个社会经济活动有十分重要的影响。商品价格的变动，会引起商品供求关系变化；供求关系的变化，又反过来引起价格的变动。市场以价格为依据，并以此作为最重要的经济信号引导社会的资源配置，实现资源配置的"帕累托最优"。在完全竞争条件下，政府对自由竞争的任何干预都几乎必然有害，政府在经济中只需要扮演"守夜人"的角色。完全竞争市场理论的假设前提过于苛刻，在现实中是不可能全部满足的。由于垄断、外部性、信息不完全和在公共物品领域，仅依靠价格机制来配置资源无法实现效率——帕累托最优，出现了市场失灵。

经济学家分别从不同的角度对市场失灵进行了分析，如巴托（Baor，1858）、植草益（1992）、查尔斯·沃尔夫（1994）、斯蒂格利茨（Stiglitz，1998）、尼古拉·阿克苏塞拉（Nicola Acocella，2001）、萨拉·科诺里

（Sara Connlly，2003）、史普博（1999）等。由于公共物品、自然垄断、外部性和信息不对称等方面引起的市场失灵导致了过度的环境污染、失业、贫富两极分化等社会经济问题，为了弥补市场失灵，政府需要表现出一种"对弱者公平的人类同情心"。即当基于个体利益并且有市场机制所支配的私人行动证明不适当的时候，应当对市场进行干预，即政府管制。所以政府干预市场价格机制成为资源配置的另一种选择，也为政府管制经济提供了内在的合理性。

2.1.1.1 公共物品

物品可以分为私人物品和公共物品两大类。私人物品的价格是在市场竞争中形成的；而公共物品是一种提供给某个消费者使用而旁人不必另付代价可同时得到享用的商品和劳务。也可以说是那些为社会公共生活所需要、私人不愿意或无法生产，而必须由政府提供的产品或服务。一般来说，公共物品具有两个重要的特征"非竞争性"（Non-competing）和"非排他性"（Non-exclusive）。非竞争性是指一个人的消费并不减少其他消费者的可用量，即对于任何一个给定的公共物品的产出水平，增加额外的一个人消费该产品不会引起产品成本的任何增加，即消费者的人数的增加所引起的产品边际成本等于零，这主要源于公共物品的不可分割性。非排他性是指只要某一社会存在公共物品，就不能排除该社会任何人消费该物品，这是因为在技术上根本无法排斥消费者对它的使用，或者对消费者进行收费的成本过高。公共物品的排他性表明，要采取收费的方式限制了任何一个消费者对公共物品的消费是很困难的，甚至是不可能的。任何一个消费者都可以免费消费公共产品。

根据公共物品的定义以及特征，可以将公共物品分为两类：纯公共物品和准公共物品。纯公共物品具有完全的非竞争性和完全的非排他性，准公共物品具有局部非竞争性和局部的非排他性。

（1）纯公共物品比较少见，国防和灯塔通常被认为是典型的纯公共物品。国家向其所有居民提供一定水平的国防安全，这个国家的任何居民都可以享受到国防安全带来的好处，具有非排他性，并且在一个既定的国家里，多增加一个居民，不会影响其他居民对国防的消费，也不会增加国防的成本。在海上，航标灯一旦建立起来，所有过往船只（不管它是否付费）都可以享受到灯塔发出的光，因为要排除非付费的船只不能使用的灯塔上发出光是很困难的，这就是灯塔的非排他性。另外增加过往船只的数量并不需要增加额外的修建和维护灯塔的成本，即灯塔的非竞争性。污水处理服务也是纯公共物品，因为污水处理使城市水环境变得清洁优美，良好的水环境是城市中人人都可以享受的，要排除没有交污水处理费而享受良好的水环境的人是很困难的。不具有排他性；污水一般是居民和企业使用后排出的，所以也不存在竞争，更谈不上消费。从严格意义上说城市污水处理是纯粹的公共物品。

（2）准公共物品。准公共物品存在两种不同的类型。第一类型是具有排他性和非竞争性的公共物品，比如闭路电视，它是非竞争性的，因为每个人都消费并不减少另外一个人的消费，但它又是排他性的，只有那些付得起，并且已经付了闭路电视费的消费者才能使用。第二类，是非排他性但具有竞争性的物品。一条拥挤的街道就是一个很好的例子，任何人都可以使用这条街道，但是一个人的使用会减少另外一个人的可用性；或者说多增加一辆车的边际成本就相当的高，这种成本反映在更慢的交通速度和更高的车祸危险上。同样，城市供水也是准公共物品。城市的水消费具有竞争性，不过，这种竞争是有限的，在一定的消费容量下，每个用户都不会影响到其他人的消费。消费是非竞争性的，但是一旦超过了临界点，非竞争性就会消失，拥挤就会产生。如城市供水紧张的水压降低就会导致高层建筑上的用水中断，定时分配供水时出现的用户不能同时获得供水服务；城市供水也可以是排他的，对不付费的用户实施断水在技术上并不难实行。但是由于是饮用水是维持生命的基本生活必需品，有意识地将一部分人排除在供水之外，无论是政治上，还是社会公平上，都不可以接受。因此，城市供水具有社会确定的非排他性。因此一般认为是准公共物品。

假如把污水处理本身当成为社会提供良好的水环境的一种服务。则污水处理提供公共物品，则存在着严重的市场失灵现象。公共物品的市场失灵主要是表现为"搭便车"的行为和"公地悲剧"现象。搭便车的行为是因为公共物品一旦被提供，任何人都能平等地消费，而不管你是否付费。这种没有为商品生产做贡献却仍然享用这种商品带来的好处的人被称为"免费搭便车者"（Free Riders）。这种免费搭便车的行为使公共物品提供者很难发现消费者对这一公共物品的真正偏好。因为泄漏他们的真正偏好不符合其个人利益。例如，一个社区想组织一个巡逻队，这个社区里的居民很希望能享受到巡逻队提供的保护，但可能因为不想参加而隐藏他们对这一服务的真实的偏好。另外，一个不愿参加的人可能对其根本就没有兴趣。因此可以看出，免费搭车的心理使政府很难判断居民对某一公共物品的真实需求程度。如果每一个"搭便车者"都不愿意为公共物品的供给做出贡献，每个人的情况都会恶化。最后就车辆这种情况"虽然每个人都希望公共物品的提供，却没有公共物品被提供"。因此经济学家提出了政府提供公共物品的基本原理。即政府可以对消费者征税，居民和厂商不能拒绝交税，从而强迫居民对公共产品的工具做出贡献。当排队未付费的消费者使用某一公共物品的成本过高时，政府就可以通过财政税收或收费来提供公共物品。

"公地悲剧"是 1968 年加雷特·哈丁（Carrett Hardin）在其论文《公地的悲剧》中提出的。这一概念现在已经成为了一种象征，它意味着只要资源是公共使用的并且具有一定的稀缺性，那么就会导致资源的极度稀缺，甚至是毁灭性的结局。哈丁在论文中写道"如果一个牧民在他的畜群中增加一头牲畜，在公地上放牧，那么所得的全部收益商机上要减去由于公地必须负担多一头牲畜所造成整个方面质量的损失。但是每个牧民不会感到这种损失，因为这一个负担被使用公地的每一个牧民分担了。由此他受到极大鼓励一再增加牲畜，公地上的其他牧民也这样做。由此，公地由于过度放牧，缺乏保护和水土是被毁坏掉。毫无疑问，在这件事情上，每个牧民只是考虑自己的最大收益，而他们的整体作用却使全体牧民破产。"公地悲剧的结论为："在一个信奉公地自由使用的社会里，每个人追求他自己的最佳利益，毁灭的是所有的人都趋之若鹜的目的地。"公地悲剧在现实的社会中广泛存在。如森林被过度砍伐、公海与河流湖泊的过度捕捞、水体污染、野生动物毁灭性的猎杀、大气层被破坏等都是"公地悲剧"的现实写照。公地悲剧的主要原因及公共物品不具有排他性。

福利经济学认为导致公地悲剧的根本原因是边际私人成本与边际社会成本的背离，个人在决策时只考虑个人的边际收益大于或等于个人的边际成本，而不考虑他们行为额外引起的社会成本，最终造成了公地悲剧。庇古和萨缪尔森等经济学家对公共物品的最优供给问题做了分析，庇古认为公共物品和私人物品的定价都是要遵循产品的边际收益等于边际成本的原则，所不同的是公共物品的价格不是单个消费者支付的价格，而是全部消费者支付的价格的总和。萨缪尔森认为私人物品的价格是公共的，数量是私人的，而公共物品的数量是公共的，支付意愿是私人的，从而公共物品的最优供应应该满足条件：公共物品对所有人的边际收益之和应该等于公共物品产出的边际成本。林达尔（Eric Robert Lindahl）则试图运用一般均衡方法解决公共物品的均衡问题，提出了所谓的林达尔均衡。他认为公共物品的供给需求不满足均衡的条件，因此引入一种新的定价方法——利益定价法，是公共物品的供求实现类似竞争性市场的效应。消费者对每个单位公共物品所支付的价格等于他们在实际供给水平上的边际收益或比较支付意愿，公共物品的收费与每个消费者的需求弹性相对应。换句话说，实现了按每个消费者对公共物品的真实效用，来分别收取相应的价格。其缺陷是缺乏一个可靠的机制来衡量每个消费者对公共物品的真实效用评价，因为在信息不对称的情况下，机会主义行为倾向会使人们有意降低对公共物品的评价，减少对公共物品的支付，从而发生虚假的均衡。

由于公共物品存在严重的市场失灵，许多经济学家提出了解决市场失灵的路径。这包括：①政府供应。因为市场本身不能解决公共物品的供给，所以要保证公共物品得到充分的供应必须依赖政府力量。②技术方法。企业通过开发某种技术，使不付费就不能享受到某种公共物品或服务的好处，如闭路电视加密、收过路费。③捆绑提供。公共物品可以在人们购买私人物品时有卖主捆绑提供。如水价中即包括自来水费，也包括水资源费和污水处理费。④明晰产权。一些公共物品问题可以通过明晰对相应的经济资源产权的办法来解决，如水权。⑤经济合同。用经济合同制也可以解决公共物品的问题，如特许经营合同。

2.1.1.2 外部性

外部性（exter-nality）问题是由剑桥大学的马歇尔（Alfred Marshall）在其《经济学原理》中提出的，被称为"外部经济"，后来，庇古（A. C. Pigau）在其《福利经济学》中对之加以充实和完善，最终形成外部性理论。外部性是指一种物品或活动给社会的某些成本或收益，而这些成本或收益不能在该物品或活动的市场价值中得到完全的反映。当某一个行为人的行动直接或间接地影响到另一个人的福利时，则前者的行动对后者具有外部性。外部性的实质是私人成本和社会成本、私人收益和社会收益的不平等。按照外部性产生的经济后果，可以将外部性分为正外部性和负外部性，划分的标准是私人成本和社会成本或者私人收益和社会收益的对比关系，当一种物品或服务的私人收益大于社会收益时，此时就存在负的外部性；反之则存在正当外部性。换句话说，正的外部性使他人减少成本，增加收益；负的外部性使他人增加成本，减少收益。

外部性问题普遍存在。许多的经济学家用形象的例子来描述外部性。如米德（J. E. Meade）的"养蜂人与果夫"，科斯（Coase）的"工厂烟尘与邻近居民"以及"机器噪声与医生工作"，穆勒（Mill）的"灯塔"，庇古的"火车与路边的农田"等，用来说明外部性问题。而且外部性问题经常使人联想到环境污染。简单地说吸烟者污染了空气，造成周围的人间接的吸烟危害身体健康。还有就是工业"三废"（废气、废水和废渣）排放到大气、江河和环境中对环境造成污染，是负的外部性。而污水处理服务本身是将污水进行收集、净化处理，减少环境污染，给人们会带来良好的水环境，具有正的外部性。

外部性问题使市场机制失效，造成市场失灵，因而需要政府干预。按照庇古的传统理论，对外部性问题主要是政府干预主要思路是：对正的外部性给予补偿而对于负的外部性给予处罚或限制。而政府主要应当关注负的外部性问题。因为负的外部性主要表现为个人利益和社会利益的对立。如城市中的工业废水和生活污水不经过处理达标就排放到江河里面，就会污染环境，因为工厂和居民为了短期利益没有不承担其用水对环境造成污染成本，那么水环境就会恶化，产生严重的负的外部性。比如：对于环境污染政府干预措施主要有，指定排污标准；超标排污收费（税）制度；排污许可制度；环评及检测制度等。当然对于正的外部性政府应当给予鼓励，包括补偿等方式，以增进社会福利。

排污收费是一种从影响成本收益入手，引导经济当事人进行选择，以便最终有利于环境的一种手段。几乎所有的发达国家都采用征收排污费的方法控制点源污染。征收排污费对用水者收费容易被接受，而监督水污染也相当容易，但现实中，这些收费几乎没有改变人们行为的作用，在排污收费的管制体系中，衡量污染的货币化损失是一项十分艰巨的工作，而观测和设计生产者控制污染的成本也同样困难。

　　一般来讲，排污收费都是为国家提供财政收入，这笔收入的使用可能有以下几个方面：一是作为基金提供给排放同类污染者，并指定基金的用途，条件是达到预定的消减目标。为达到预期的目的，这种收费制度的设计应能够弥补实际产生的污染水平的消减与预期消减水平的差额之间的费用，目前在一些国家的水污染治理中广泛应用这种方法。二是将收费收入分配与环境有关的公共产品和服务的设施，如集中处理设施、检测系统或公共管理部门。使用者收费以及一些类型的产品收费和行政收费属于此列，通常在水污染防治和废弃物管理中使用。三是收费收入纳入政府预算，但不指定具体用途。

　　但是科斯理论是假设交易双方不存在交易费用的前提下的，这在现实中不仅存在交易费用，而且有些领域的交易费用可能很高。比如环境污染问题，往往是混合污染源导致混合受害人，即某种污染是有许多污染源共同产生，而受害人不仅人数众多，而且受害程度也有很大差异。这就决定了难以通过讨价还价的方式解决环境污染的外部性问题。著名经济学家戴尔斯（Dales）在科斯的启发下，提出了将政府干预和产权交易机制相结合才能有效解决外部性问题，控制环境污染的思路。他认为环境是一种属于政府所有的商品，可以通过污染权交易来实现环境质量的提高。

2.1.1.3　自然垄断

　　由于现实中存在资源稀缺性和规模经济（economics of scale）、范围经济（economics of scope）以及成本的弱增性（subadditivity）的现象，使由一个企业提供服务比许多企业提供服务更经济，所以就有"自然垄断"。自然垄断的存在阻碍了市场竞争机制的发挥，使市场难以实现帕累托资源配置，造成资源配置的低效率。通过政府干预能够提供一种矫正的方式，使自然垄断行业既利用了规模经济的优势，又能在一定程度上克服垄断造成的福利损失。

　　自然垄断的概念最早由穆勒于 1948 年提出的，他从自然资源的特征上来理解的，认为地租是自然资源的结果。亚当斯（Adams，1887）把产业分为不变的规模效益、下降规模效益和上升的规模效益三类，认为自然垄断属于上升的规模效益。应维护其大规模的优势。自然垄断产业的经济特征为：①提供生活必需的产品和服务；②具有良好的地理条件和生产环境；③产品无法储存；④具有国民经济特征；⑤产业内通常只有一个企业来提高消费者需求的供给，其供给具有稳定性和可靠性。并认为如果该产业存在竞争就是破坏性竞争，将导致失败的产业。理查德·伊利（Richard T，Ely，1937）把自然垄断分为三种类型：①依靠独一无二的资源供应形成（如矿藏）；②依靠信息或特权形成的（如专利）；③依靠业务特征形成（如铁路和公共设施）。并认为产生的规模经济导致自然垄断产业是不可竞争的。而后的学者（Sharkey，1982；Waterson，1998）对自然垄断提出了新的解释，认为自然垄断的最显著的特征是成本函数的弱增性，即联合生产会更有效率。

无论是从规模经济的角度还是从成本弱增性角度来看自然垄断，都认为垄断的市场结构具有一定的经济合理性，而应当排除或限制竞争，然而市场垄断企业也可能滥用垄断力量侵害消费者的利益，所以满足公共需要的行业，如自来水、污水处理、热水、天然气、电力、通讯、邮政、铁路等行业，政府应当采用市场进入、价格、质量、市场退出等手段进行干预，以保护消费者的权益。

2.1.1.4 信息不对称

信息不对称理论是英国剑桥大学教授（James A. Mirlees）和美国哥伦比亚大学教授（William Vickery）在20世纪60年代在信息经济学研究者提出的重要理论。该理论认为，在市场交易中，几乎普遍存在信息不对称问题。即市场交易的一方比另一方拥有更多的信息，它对市场运行有很大的影响。处于信息优势地位的一方容易利用对方的无知，侵害对方的利益而谋求自己的利益，而处于信息劣势的一方，由于担心受骗，就对交易持怀疑态度。因此，就可能造成交易处劣势的一方利益受到损害，无法实现公平交易。如医患关系中，医生可能利用患者对药品的无知，而给患者开出费用昂贵而疗效一般的药物，致使患者被欺骗而蒙受损失。造成这种信息不对称的原因有：①拥有信息优势的交易一方对信息地封锁或有意地误导；②搜寻成本对信息优势方的信息搜寻障碍；③社会分工和劳动分工造成交易各方知识的差异。由信息不对称引起的"道德风险"和"逆向选择"问题，使市场无法实现对资源的优化配置。道德风险指交易双方达成一项合同或协议后，交易一方在单纯追求自身利益时做出对另一方不良的行动。如一个购买汽车保险的人，会减少对汽车的安全停放和防盗等方面的努力，而保险公司要获取投保者在汽车防盗等方面信息所做出的努力程度是十分困难的，代价也很高。因而大大增加保险公司损失的可能性。逆向选择是指消费者对市场上产品质量缺乏辨别的信息和能力，而主要基于价格和求廉的动机，倾向于购买质量低劣的产品，而质量较高的产品被驱逐出市场。即"劣质产品驱逐优质产品"的现象，最终使市场上产品质量下降，市场萎缩。

在诸如银行、保险、电信、自来水、污水处理、电力具有垄断性质的服务性行业，信息不对称现象普遍存在。在这些行业中，有许多企业提供各种服务，收取各项不同的费用，而政府和消费者却很难拥有充分的信息以决定在多种多样的服务和价格的信息，该如何做出选择，结果难以实现帕累托意义上的资源配置效率。同时这些产业虽然以保全、运用和运输消费者的财产为业务，但由于消费者不可能知道这些产业中企业的经营内容和财产状况，一旦竞争的结果是企业发生倒闭时，消费者还会因此蒙受损失。比如向居民收取污水处理费，但居民和政府在掌握污水处理企业的真实的运营情况以及成本情况上处于劣势，不能真正的知道污水处理成本。为了预防这类现象和事态的发生，对处在信息劣势方利益造成损坏和对效率的损害。需要政府从一开始便对有关产业进行干预，包括利用市场机制，加强交易者之间的信息沟通，通过"信息传递"和"信息甄别"的方式增加信息的透明度等以解决信息不对称问题，以保护弱者和维护公平。

2.1.2 公共定价理论

公共定价是政府及其公共部门对被管制的单位或个人的价格管制行为。公共定价的主要依据是因为存在"市场失灵"。政府需要通过管制的手段来实现资源的优化配置。其研究的内容主要包括以下几个方面：

2.1.2.1 公共定价的主体

定价的主体，即有谁来进行定价，一般来讲，定价的主体应该是各级政府，或者更准确地说是政府的代理机构。在中国代理机构在中央一级的国务院的价格主管部门（国家发展改革委员会）和建设部、环保部和铁道部等相关部门，在地方一级主要是各级人民政府的价格主管部门（物价局）和其他相关部门。明确定价主体的机构设置和职责权限是定价机构展开工作的基本依据，也是定价主管部门和行业主管部门合作与协调的基础。当然，定价的主体是政府，并不排斥企业、消费者和其他单位的参与。比如，污水处理企业价格管制的主体是地方政府，但是价格变动须由污水处理企业向城市价格主管部门提出申请，召开听证会、邀请人大、政协、政府各有关部门和各界用户代表参加，来确定最终的价格。所以，明确定价的主体，就是要明确相关主体机构的职责和权限。

2.1.2.2　公共定价的目标和原则

定价的目标是政府进行价格管制要达到的目的。不同的定价目的会形成不同的定价原则和方法，并达到不同的定价效果。政府对于不同的产业的定价目标不同。如：对烟草行业，政府试图通过高价限制其发展；对涉及民生的行业国家总是通过限价保护公众的利益。即使对同一行业发展的不同时期，国家采取的定价目标也不同，如：电信行业，开始为了收回成本就是采用高价，但形成一个规模后，国家就会采用限价的方法。但总体来说定价目标都是为了实现社会福利总体的最大化，这是定价规范理论的前提。一般都认为是为了实现以下5个目标：①实现资源的优化配置。②提高企业的内部生产效率。③避免收入再分配对消费者造成的侵害，实现社会公平。④维护企业发展潜力。⑤限制负外部性，鼓励正外部性，保障人类社会可持续发展。在人类社会发展过程中，人类自身的活动对外部环境产生了大量的负面影响，致使环境、资源等难以再生的社会要素遭到严重的破坏，造成了自然环境污染和自然资源枯竭等全球性的重大问题。这些问题的出现反过来又对人类的生存与发展造成了不利影响，人类必须面对由自身破坏行为所造成的资源枯竭的危险。这些活动所引发的负外部性给人类社会造成了不安全问题，危机人类社会的可持续发展。这些问题不能依靠市场机制和个人行为解决。需要政府管制给予限制。同时，一些正的外部性活动（如绿化等）为人类社会提供了良好的生存环境，需要政府管制给予鼓励。

由此可见政府定价的目标不是唯一的。而且可能是相互约束的。如偏重企业发展和社会目标，就对企业内部生产效率刺激就相对不足。管制者要在这些目标之间进行权衡。

政府定价的原则是政府定价目标的具体体现。总的原则可以归纳为三个方面：①保护经营者和投资者的正当利益的原则。②保护消费者和用户利益的原则。③保护社会发展长远利益的原则，如保护环境。具体到不同的行业，比如电信、自来水、天然气、污水处理、铁路等价格管制的目标和原则可能有所差异，侧重点不同。政府定价的原则归纳起来大致有以下几条：①公平对待用户；②消费者有支付能力；③便于消费者理解和交费；④保证公正投资回报；⑤补偿企业生产经营成本原则；⑥节约资源，保护环境。以上是政府定价的基本原则，可以看出，以上原则涉及的利益主体包括：用户、经营者、政府和投资者。其实质是政府在价格管制是各个利益博弈的结果，或者说是各方利益相互影响，如何和谐统一起来。

2.1.2.3　价格水平的确定方法

政府对价格水平的确定就是把价格保持在一个相对合理的状态，既能让企业不获得超额利润，又能让企业有生产动力的水平。这涉及定价方法的选择、成本和投资基数的确定、管制滞后理论、价格的调整周期、开展区域比较竞争和特性投标等方式来价格水平。当然还有考虑行业的具体特点、资源供给状况、社会经济发展水平和居民消费水平支付意愿等许多的因素。价格水平和定价的方法有密切的关系。不同的定价方法考虑的要素不同，所得到的价格水平也不同。可供选择的价格水平确定方法包括平均成本定价法、边际成本定价法、投资回报率定价、最高限价、特许拍卖制度、标尺竞争制度等。

1. 边际成本定价

从规范的角度分析，边际成本定价是最优的价格形成方式，按照边际成本决定的管制价格水平，能实现资源配置中的帕累托效率。霍特林（Hotelling，1938）提出了自然垄断产业提供的公共产品应当按照边际成本定价，即按照边际成本等于边际收益定价，这样才是使资源配置达到最优。但边际成本定价面临一个根本性的问题就是可能会使垄断企业亏损，需要政府给予补贴才能维持企业的正常经营。但科斯和植草益等认为，边际成本定价有缺陷。因为对自然垄断行业过多的补贴会使一些纳税人享受不到基础产品的好处，导致收入的再分配。而且亏损由财政补贴使企业没有提高经营效率的动力和压力，还可能把主要精力放在争取更多的财政补贴上，产生"政治分肥"问题。所以按照边际成本定价，一般都需要修正。

2. 平均成本定价

平均成本定价是在自然垄断产业盈亏平衡点约束条件下，采取尽可能使经济福利最大化的价格。平均成本定价法是常用的一种定价方法，其定价基础是平均成本的估计，为弥补运行费用而提供足够的收入。平均成本的估计主要依据历史统计资料，此外还要确定一个合理的利润率。该值一般取决于社会平均利润率，同时也受监管者或公众的偏好的影响。这种被社会认同的合理盈利称为公正报酬。公正的报酬率是管制机构制定的，一般要举行听证会。在现实中监管者可能会出于对某种目标的考虑而制定低于平均成本的价格，此时政府须给予补贴，以保证污水处理企业有足够的收入来弥补运行费用的不足。这里要说明的是，一些文献中提到的投资回报率定价，其实是平均成本定价形式的一种变形，其原理和评价成本定价一样，只是管制者对污水处理企业的定价，主要确定公正报酬率的范围。

3. 投资回报率定价

投资成本回报率定价法，是指政府不直接指定最终价格，而是根据投资成本基数和一定的投资回报率来控制价格构成中的利润的大小，从而实现对污水处理费间接控制的一种定价方法。监管者按照下面的公式确定价格。

$$R = C + D + (B \times r) \qquad (2-1)$$

式中：R 代表企业收入；C 代表运营成本；D 代表固定资产折旧；r 代表投资成本回报率；B 代表投资成本回报率基数，即企业投资成本总额。

价格等于收入除以数量。在实际的工作中，企业的运营成本和折旧费一般容易确定，监管者对价格管制的难点是确定投资成本回报率 r 和投资成本基数 B，投资成本回报率问题是要找到一个合适的 r 值，使企业能获得正常的投资成本回报（任俊生，2002）。这种定价方法有利于鼓励企业投资，是采用最为广泛的管制方式之一，但容易产生"A-J"效应。如果受通货膨胀的因素影响过大时，往往管制的价格定的就很低。

4. 最高限价

最高限价也叫价格上限管制，是斯蒂芬·李特查尔德（Stephen. Littlechild）设计了一个最高限价管制模型。这个模型通常叫"PXI＋/－X"模型，PXI（Retail Price Index）是指的零售价格指数，X是企业生产效率变化的百分比。其原理是：企业必须以管制者确定标准提供服务，并且收取的费用不能高于监管者确定的价格上限。如果企业能以低于监管者假定的服务成本提供服务，就可以保留因效率改进产生的利益。之后，这些低成本在新的价格评审时将反映在较低的价格上限中，企业将超额完成的利润将返还给用户；与之相反，无法完成法定义务有可能降低企业的利润，这样不仅能够激励企业提供其运行的效率，也能更好地保护用户的利益。如果企业本期的价格为 P_t，则下期的管制价格 P_{t+1} 为：

$$P_{t+1} = P_t(1+RPI-X) \qquad (2-2)$$

这个定价方法的最大好处是把管制的价格和零售价格指数和生产效率联系起来。价格指数可以通过平均价格来确定，企业和管制者谈判的焦点是 X 值得选择，X 值在污水处理业主要受以下因素影响：

$$X \Rightarrow -p_0 - k + q \pm v \pm s \qquad (2-3)$$

p_0 代表过去的突出业绩；k 代表未来的效率收益；q 代表质量标准；v 代表提供行业的安全性；s 代表提高服务水平。

该定价方法的优点有两个：一是管制者得以在一定时期内控制了有关产业价格的上涨幅度，而不直接限制企业的利润水平，以致企业完全可以在给定最高限价下，通过提高生产效率而谋求更多的利润。二是操作比较简单，即不需要详细评估企业的固定资产、生产能力、销售量等变动情况，又规定了一个相对比较合理的管制时滞，较为有效地防止了诸多不确定因素对价格和企业收益的影响。但是，如果确定一个合理的 X 值，是该模型实际应用价值的一个主要的困难，毕竟政府所拥有的信息和决策能力从来都是有限的。

5. 特许权投标定价

特许权投标定价法是一种竞争性定价法，源于特许权投标制度。特许投标制度最早是凯德维克（Chad-Wick，1859）研究当时法国税法中实行的特许投标制度后，建议把其引入被管制行业。其基本思路是由多家企业通过竞标的方式从政府手里取得特许经营权。同时政府将所给予的实际特许权限制在一定的时期内，在特许经营结束后再由竞争投标制来给予特定企业特许经营权。特许经营权竞标的动力是竞标阶段的生产前价格竞争，使得价格和利润保持在竞争的水平上。这样，生产前价格竞争起着表现活跃的竞争作用。只要在竞标阶段存在充分的竞争，特许经营权的竞标机会导致平均成本定价和最优效率的厂商运营。通过特许经营权竞标可以使社会成本更低。还能避免报酬率管制可能出现的无效率。

6. 标尺竞争制度

标尺竞争定价法源于标尺竞争理论。标尺竞争是指在存在多家区域性垄断企业的自然垄断产业中，政府将被管制的性垄断企业分为几个区域性企业，政府通过比较不同区域企业的经营绩效，以"影子企业"（shadow firm，以其他企业成本和降低成本的支出的均值形成的虚构企业）的经营成本为衡量标准，并考虑地区经营环境的差异，在此基础上制定的管制价格。在此价格基础上，促使各区域企业为降低成本、增加利润而展开区域间的间接竞争。因此，标尺竞争也被称为区域间比较竞争。该理论主要描述管制者对不同区域实行管制时，可以借助企业间的间接竞争，来降低管制价格，提高管制效果，促进企业生产效率和分配效率。该方法的优点是经济绩效非常显著。但现实中也可能由于被管制企业之间差别很大，而不具备可比性。也可能存在合谋问题。

除了以上的定价方式以外，新的价格水平确定方法还有社会契约制度、延期偿付率管制、利润分享管制、菜单管制和联合回报率管制。社会契约制度就是政府通过和被管制企业签订合同的方式对其进行价格等管制。延期偿付率管制就是允许消费者先消费商品或服务，在一定时期后再付费的管制方式。利润分享制是让消费者直接分享公共事业超额利润或分担亏损，它可以采取购买后退款或为将来购买提供价格折扣等方式。菜单管制是将多种管制方案组合成一个菜单，以供被管制者选择的一种综合性管制的方式。联合回报率管制是以投资回报率管制为基础的一种定价方式。

2.1.2.4　价格结构的确定方法

价格结构定价法是指政府机构针对不同的公用产品或服务的不同成本结构和需求结构，分别采用不同的定价方法所形成的不同价格类型及其相互关系。所谓不同的成本结构是公共产品的成本可以分为需求成本、从量成本和用户成本等，其中，需求成本是指与生产供应设备价值大小是比例的固定成本；从量成本是指随着实际生产供应量变化的可变成本；用户成本是用户家中发生的成本。所谓不同的需求结构主要是指根据需求的用途、数量和时间等因素所区分的不同需求类型。如根据用途可以将水的需求分为居民用水、工商业用水、农业用水、公共部门用水和特殊行业用水等。根据用水的时间不同，可以分为夏季用水和冬季用水等。根据需求量的大小可以分为大量需求、中量需求和少量需求等。价格结构管制理论是根据不同的需求结构和成本结构出发而形成的一系列管制理论和方法。主要包括以下内容：

1."线性定价"

线性定价的顾名思义是价格与消费量的关系是直线（平行线或斜线）的关系。

线性定价可以分为定额和从量两种形式。定额，顾名思义就是只收取一个固定的费用，跟用量无关。该方法优点计算最简单，其缺点就是没有体现资源的价值和价格对经济约束行为，容易产生浪费现象。如在自来水产业中对没有装水表的用户，每月就按照一个固定的数额收取水费。

同一从量价格是指无论消费量大小，都按照同一的单位价格收费。如在自来水产业中，对安装水表的用户，按照每月用水的立方数和每立方水的单价来收费。该办法中单价是固定的常数，而消费量因用户不同而不同。但是在实际过程中，消费量和单价是有关系的。比如在电力、煤气和自来水等自然垄断行业，无论是生产阶段的单位成本还是输送阶段的单位成本，大用户都比小用户低得多。所以大用户会感到不公平。这就要求在价格结构管制中考虑这个问题。而且还可以根据用户的消费量、消费时间、使用的设备、提供服务所需要的机器设备的利用情况等不同，制定出多种多样的能够反映需求和成本的价格结构。

2. 拉姆塞定价

英国经济学家拉姆塞（Ramsey，1927）研究了在提供多种不同产品和服务时，企业在收支平衡为前提条件下现实经济福利最大化的问题。解决这一问题的价格被称为拉姆塞定价。该定价是差别定价和非线性定价的基础。

假设一个多产品经营企业为市场提供 n 种产品，令 $P = (p_1, p_2, \cdots, p_n)$ 为市场上公共产品的价格向量，$Q = (q_1, q_2, \cdots, q_n)$ 为 n 种产品的产量向量（在垄断市场上也就是需求向量）。因为自然垄断企业的生产成本 $C(Q)$ 决定于产量 Q，而产量又是由价格 P 决定的，所以把垄断企业的利润 $\prod$ 表示为价格的函数：

$$\prod(P) = \sum_{i=1}^{n} P_i Q_i(P) - C[Q(P)] \qquad (2-4)$$

式中右边第一项为企业的总收益，第二项是企业的总成本。令社会福利为 W，消费者剩余为 $S(P)$，社会经济福利可以表示为消费者剩余和生产者利润的未加权之和。即：

$$W = s(p) + \prod(P) \qquad (2-5)$$

可见消费者剩余和生产者利润都是企业的价格结构。因为：

$$\frac{-\partial S(P)}{\partial P_i} = Q(P) \qquad (2-6)$$

所以如果第 i 种产品的价格只增长很小的单位，那么，消费者剩余的损失就等于那个单位量乘以第 i 种产品的需求量。在这种情况下帕累托最优无疑是对每种产品都实行边际成本定价：

$$P_i = MC_i = \frac{\partial C}{\partial q_t} \qquad (2-7)$$

但是，由于在自然垄断产业中存在着规模经济，边际成本定价会使企业亏损。这需要政府通过财政转移支付的方式来补贴，但补贴的机会成本很高。如果政府不承担这种亏损，那么社会福利最大化要以企业不亏损为前提。即在 $\prod$ 大于等于零的约束条件下，求解 W 最大化的 P 值。通过求解最大化的一阶条件可得出以下结论：

$$\frac{P_i - MC_i}{P_j - MC_j} = \frac{MR_i - MC_i}{MR_j - MC_j} \qquad (2-8)$$

这就是所谓的拉姆塞定价法。拉姆塞定价的关键是要正确地进行市场细分化，取得每个细分市场的需求弹性和成本信息。在实际工作中，管制者无足够的信息来制定拉姆塞价格。所以实际中较多地采用较为简单的，需要比较少的需求信息的且高于边际成本的定价方式。如设计几种不同的两部制价格供用户选择。

3. 非线性定价

非线性定价也称非线性收费，是指根据没有消费者的购买总量或者消费的类型不同而确定不同的单位产品价格，是单位成本或费用不是常数，而是随着购买总量的变化而变化。在现实中不同的行业采用的定价方法很多，主要有两部定价和高峰负荷定价。

两部定价是指消费者为了获得某一产品或服务的使用权，首先支付一个较低的固定费用，然后再按照使用的每一单位产品的数量支付价格，两部定价的价格中包括两部分：一是"固定费用"，二是根量有关的"变动费用"。公式可以表示为：

$$T(p) = A + pq \qquad (2-9)$$

其中 T 为消费者支付的总价格，A 是与消费量 q 无关的固定费，pq 是按价格 p 的比例根据消费量 q 的大小收取的"变动费"。该办法中的基本费可以理解为用户平均分摊的固定费用，跟消费量无关；而从量费可以理解为按照边际成本收取费用，所以不至于企业亏损。

高峰负荷定价是指在一些需求波动巨大的自然垄断产业，对高需求制定高价，而对低需求制定低价的一种定价方法。垄断企业针对需求价格弹性随之时间变动的特点，按时间将需求划分成不同的区间，并对不同的区间制定不同的价格。如交通、电力等行业。如电力，在夏天用电高峰，就提高电价以抑制消费，当到用电淡季时就调低电价鼓励消费。高峰负荷定价的产品和服务有三个特点：一是需求水平因期间而变化；二是资本可以长时间的出租或租赁；三是产品或服务无法存储或存储成本太高。

4. 差别定价

是指政府或企业对不同的用户采用不同的价格，但是提供的产品和服务是一样的。如同样是自来水服务，但是对居民、企业、政府机构采用不同的价格标准。这种行为也叫"价格歧视"。差别定价有三种主要的形式：

一是第一级差别定价，指垄断企业对每一个消费者的支付意愿具备完全的信息，能够从一群具有不同特点的消费者身上获得全部消费者剩余。二是第二级差别定价，是指垄断企业对消费者信息的掌握是不完备的，因此，根据垄断企业掌握的部分消费者信息，针对不同的消费者设计出不同的价格，让消费者自行选择，从而可以达到价格歧视的目的。例如：假设消费者分属于不同的消费群体，但企业不能具体确定某个人到底属于哪个消费群体，这时，为了达到价格歧视的目的，垄断企业就应该针对不同的消费者设计不同的价格，让他们自行选择。三是第三级差别定价，是指垄断企业能够通过对消费者的一些外部信号特征，将消费者分为一些相互分割的市场，从而对同一种产品在不同的市场上收取不同的价格，或者对于不同的消费者收取不同的价格。如车票和一些公园门票针对学生和老年人的价格优惠。差别定价会增加垄断企业的利润，增加的这部分利润也会因为补偿了创建品牌的成本，而鼓励产品多样性。理论上讲对企业的差别定价应当实行管制，但在实践中，差别定价广泛存在而且具有一定的经济合理性。

5. 交叉补贴

交叉补贴也叫企业内部业务间的交叉补贴。是指垄断企业既在平均价格的约束机制条件下拥有垄断性业务又拥有竞争性业务，为了在竞争性业务市场上战胜对手，在企业内部以垄断性业务的高利润来弥补竞争性业务的微利或亏损。如，邮政业，城市和交通发达地方盈利性强，而偏远的山区一定是亏损了，为了实现收支平衡，就会用城市邮政的收益来弥补偏远的山区业务。说明交叉补贴有时也有一定的合理性。

以上公共定价理论的主要内容。公共定价理论还包括价格运行机制和价格行为的监督等问题。即，①价格运行机制是指政府采用什么样的运作方式来形成不同的价格类型并对价格进行价格管制。主要是要解决两个问题：一是定价权归属问题，即政府有多少定价权。如政府直接定价，政府限价和市场定价。二是价格形成的方式或具体的形成途径。如静态价格运行机制、动态价格运行机制；单一产品价格运行机制和多产品价格运行机制等。②定价行为的监督。因为政府部门定价既有为消费者社会福利考虑的因素，也有为政府自己考虑到的因素，所以为了防止政府部门被其他利益集团俘房或者有利己的动机等问题，维护消费者和社会利益，需要对定价主体实行监督。监督定价主体行为主要方法有：一是消费者参与，这包括消费者参加公开听证会，提供参与的机会。二是健全社会监督体系，包括司法监督、人大代表监督、行政监察和社会舆论监督等。

2.2　污水处理行业技术经济特性

水是人类生活和生产活动中不可缺少的物质资源和环境要素。然而人在生活和生产的过程中排放出的废弃物也会对水体产生大量污染。水污染是指水体因某种物质的介入，而导致其化学、物理、生物或者放射性等方面特征的改变，从而影响水的有效利用，危害人体健康或者破坏生态环境，造成水质恶化的现象。水体污染源主要有两种类型，一是"点源"，主要是指工业污染源和生活污染源，如工业废水、矿石废水和城市生活污水；二是"面源"，主要是这农村污水和灌溉污水。根据来源进行分类，可以将污水分为生活污水和生产污水。生活污水是人们在日常生活中如厨房洗涤、冲洗厕所和沐浴等环节产生的污水，污水中包括各种形式的无机物和有机物的复杂混合物，包括：①漂浮和悬浮的大小固体颗粒；②胶状和凝胶状扩散物；③纯溶液。工业污水指工业生产过程中所排出的对环境污染严重的废水。

污水处理的含义，根据国家统计局的定义，污水处理及其再生利用是指对污水的收集、处理及净化的活动。包括对污水的收集、处理及深度净化。简单讲，"污水处理"由城镇排水管网将污水汇集并输送到污水处理厂，通过物理的、化学的手段，去除水中一些对生产、生活不需要的物质的过程，是为了适用于特定的用途而对水进行的沉降、过滤、混凝、絮凝，以及缓蚀、阻垢等水质调理的过程。

从服务的角度讲，污水处理是将各类用户使用过的是通过污水收集管网收集起来，然后通过污水输配管网将污水输送到污水处理厂，在污水处理厂对污水进行不同等级的处理，然后将处理过的污水直接排放到水体或进行回收再利用。从产品的角度讲，污水处理为人类提供了清洁的水环境。因为污水处理系统对城市的生产和生活等产生的各类污水进行处理，处理后达标的水再回到水体，这一过程能保护和改善城市水环境。从治理环境污染的角度讲，污水处理是利用人造工艺的方式来解决水污染问题，减少污染物排入自然水体的过程，以达到保护环境的目的。污水处理的实质是改变污水的性质，使其不对水环境造成危害而采取的措施。污水处理也可以分为生产污水处理和生活污水处理。生产污水包括工业污水、农业污水以及医疗污水等，而生活污水就是日常生活产生的污水。污水处理被广泛应用于建筑、交通、能源、石化、环保、城市景观、医疗、餐饮等各个领域，也越来越多地走进寻常百姓的日常生活。本书的污水处理是指在相应的城市、县城辖区内的生活污水处理。

城市污水处理根据处理的程度，可以分为一级处理、二级处理和三级处理。一级处理主要是物理处理；二级处理主要是生物处理；三级处理主要在二级处理的基础上进一步净化处理，达到可回用的目的。典型的城市污水处理流程见图 2-1。

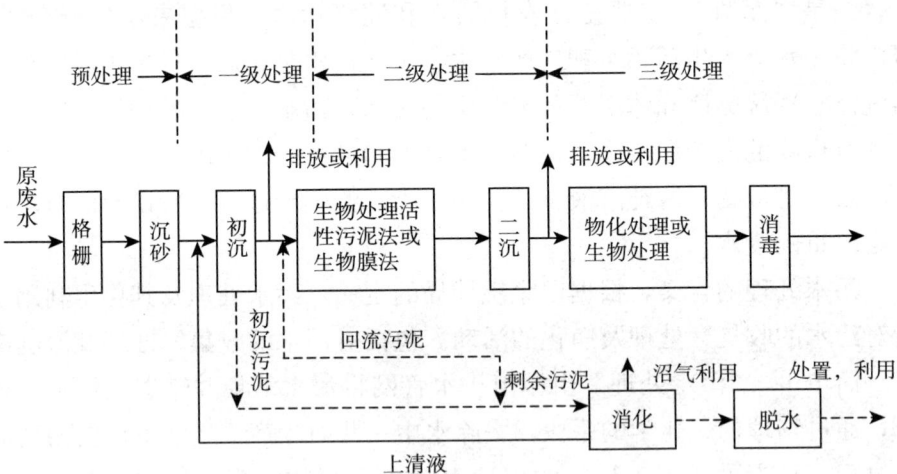

图 2-1　城市污水处理流程图

2.2.1　产品不直接面向客户

污水处理行业的一个主要特征是经过处理达标排放的污水不直接面向客户，所有居民和企业在消费水资源后，虽然对水环境造成了污染，需要缴纳污水处理费，然而经过集中处理的污水，对消费者和企业来说，不直接参与污水的收集和处理，处理达标后也与居民和企业无直接关系，不管是处理达标的污水是排放到自然水体，或者是再利用，都不直接面向客户。这客观上就造成了居民对企业集中处理的质量没有直接关系，这是环境问题，需要政府更加关注污水处理的质量及排放情况。

2.2.2 外部性

污水处理具有正外部性，即公益性。从污水处理本身来讲，污水处理能够给城市带来良好水环境，对公众的健康和饮用水安全有很大的保障。随着经济的增长、人口的增加，因用水造成的环境污染和生态破坏已经在许多方面影响人们的生活和生产。水污染的直接后果就是水源水质的恶化，从而导致城市可用水短缺。污水处理能有效地改善城市水环境和整个城市的环境质量，间接影响公众的健康和生活质量。因此，污水处理能够提供一个标准的连续的污水处理服务，最大限度地减轻污水对水环境的负面影响。而良好的水环境是城市中人人都可以享受到的。政府也有责任和义务为公众提供有效的污水处理服务，改善公众的生存环境和生活质量。所以污水处理具有正的外部性的特点。

2.2.3 投资规模大、投资回收期长

污水处理行业的是所有公共和准公共服务行业资本密集程度最高的。污水处理行业的密集资本主要用于管网建设和污水处理设施的建设。从市场价格来看，投资一座中型污水处理厂需要 9 000 多万元左右，一座大型污水处理厂则需要上亿元的投资，因此可以说污水处理行业属于投资规模大、资金沉淀性强的行业。由于高度资本密集度和资本投向决定了高固定成本。而一旦管网和污水处理厂建成后，运行的成本相对较低，这也是污水处理行业的成本结构的主要特点，所以污水处理行业被认为是投资推动型行业。由于污水处理行业所需投资额巨大，为了促进行业的发展，政府制定了各种政策鼓励社会资本加入行业建设中来。为了解决资金来源问题，BOT、TOT 等模式在行业中得到了广泛的应用，并取得了一定的效果。同时，污水处理行业也是投资回报率不高且投资回收期长的行业。污水处理行业作为公益性行业，对环境改善有着重要的影响，政府必须对污

水处理行业进行监管，由于污水处理行业管网投资和污水设施建设投资产生了大量的沉淀成本，对应其投资的风险相对较低，所以投资回报率不高且投资回收期较长，一般需要 20～30 年才能收回。

2.2.4　区域自然垄断性

污水处理行业具有区域的自然垄断性。主要表现在污水处理行业的资产的专用性和沉淀性、网络性、规模经济、成本的弱增性和区域性的特点。

资产的专用性和沉淀性。污水处理行业的投资不管是专用的设备还是管网的投资，都是特定的投资，这些投资形成的资产只能用于污水的收集和处理很难用于其他用途，而且投资额巨大，很难在短期内收回，形成大量的沉淀成本。因此新企业很难加入进来，存在进入壁垒。这决定了该行业有较高的进入和退出的门槛，即形成自然垄断。所以污水处理企业大部分都由政府直接垄断经营和由受政府管制的私人企业间接经营。原来中国的污水处理厂都是由国家直接进行经营的。这几年，随着市场化进程的推进，国内不少城市的污水处理出现了公私合营和政府特许经营。

网络性。由于污水具有物理性质上的不可压缩性，污水的收集、输送和排放都必须依托固定的管网。管网在污水处理系统中处于基础的地位，所以污水处理系统是一种典型的区域网络性基础设施产业。网络性的特征决定了污水处理系统的整体性，同一网络体系各部分相互联系，不可分割，这个系统的有效运行是一个复杂的系统工程。具体表现为污水处理的收集、处理、排放、投资、设计、建设和运行在内的各个环节之间是紧密联系的，牵一发而动全局。如城市的污水处理能力和管网的收集传输能力必须相匹配，否则就会造成污水处理能力闲置或污水处理能力不足。在污水处理厂设计时就要把城市发展、城市的规划、人口的增长，经济增长、水资源状况、产业状况等许多的因素综合考虑，规划污水收集网络和污水处理厂的选址和处理能力和处理工艺的设计。

规模经济。污水处理企业的规模经济主要表现为在一定的技术下处理污水达到国家规定的标准，随着处理量大扩大而形成的成本的下降。污水处理厂的规模通常以未来 20～25 年服务需求为基础确定。管网越完善、覆盖面越大，污水收集率就越高，由此带来的规模经济和范围经济就越显著。随着城市的发展，排放污水量的增多，污水收集管网铺成后，收集污水的边际成本就很小，污水处理能力得到充分的利用，其单位处理成本就会下降。污水的收集必须借助于能覆盖其服务范围的管网，在同一区域重复建设管网，并由多家企业竞争性的经营这些管网需要以巨大的沉淀成本为代价，往往是低效率的。

成本弱加性。污水处理行业资产的专业性、规模经济和网络性的特性，在一个城市不可能建设两套污水收集系统。污水收集和处理系统所辖区域一旦确定，其经营和占有率就具有支配性，即由单个污水处理企业提供污水处理的总成本要小于多个污水处理企业提供污水处理成本的总成本。即存在成本的弱加性。

区域性。污水集中处理受到城市规模和管网的限制，污水处理行业具有鲜明的区域性。而且往往一个城市的建城区域就是这个城市的污水收集的区域。而很难建立覆盖多个城市的中国性的排水管网，而且长距离的传输配送反而会呈现出规模不经济。因此污水处理行业具有区域的自然垄断性。

2.2.5　与宏观经济、国家政策的相关性

污水处理行业与经济周期的变化紧密相关，很大程度上依赖于国民经济运行情况以及工业固定资产投资规模的波动。在国民经济发展的不同时期，国家的宏观政策也在不断调整，该类调整将直接影响到水污染治理行业的发展。改革开放初期，中国在以经济建设为中心的指导方针下，只强调经济发展，对环境污染还不是很重视，走了西方发达国家先污染后治理的老路。致使中国的水环境遭受了严重的破坏。1997 年世界银行的统计显示，中国 270 个城市严重缺水，其中 74 个城市缺水是因为水污染导致水源污染引起的，水污染造成的损失接近每年 330 亿元。而后国家相继出台了关于污染治理的相关法规政策，鼓励私人企业投资环境保护和公共事业领域。2008 年中国为了应对金融危机，国家制定了庞大的投资计划，水污染治理行业作为计划中政府所支持的产业，将迎来快速发展的有利时期。

2.3 几个基本概念

2.3.1 污水处理

污水处理（Sewage Treatment，Tastewater Treatment）：为使污水达到排水某一水体或再次使用的水质要求对其进行净化的过程。污水处理被广泛应用于建筑、农业、交通、能源、石化、环保、城市景观、医疗、餐饮等各个领域，也越来越多地走进寻常百姓的日常生活。

按污水来源分类，污水处理一般分为生产污水处理和生活污水处理。生产污水包括工业污水、农业污水以及医疗污水等，而生活污水就是日常生活产生的污水，是指各种形式的无机物和有机物的复杂混合物，包括：①漂浮和悬浮的大小固体颗粒；②胶状和凝胶状扩散物；③纯溶液。

2.3.2 污水处理费

污水处理费属于哪一类型的收费？根据中国现在的收费体制，收费主要分为三大类：行政性收费、事业性收费和经营服务性收费。在具体管理上分为两大类：即行政事业性收费和经营服务性收费。行政性收费是指国家行政机关为加强社会管理和经济管理而收取的费用。行政性收费标准，必须根据法律或法规确定。凡是国家行政机关行使管理职能，办理公务，履行签证手续，除国家规定外，一律不收费；确因管理需要所发证件、牌照和执照等，只收取直接消耗的工本费。事业性收费是指不以营利为目的的服务或为弥补国家拨款不足所收取的补偿性费用。事业性收费，在坚持社会效益的前提下，本着补偿合理费用支出为原则，以提供的服务内容、受益程度、技术水平、事业发展需要和付费对象承受能力等因素制定收费标准。国家全额拨款单位，履行经济技术管理职能时，原则上不收费，如需发放证照的，以收回工本费为原则；国家差额补贴的单位，按以收抵支、弥补补贴不足的原则制定收费标准没有国家补贴或拨款的，按以收抵支、略有结余的原则制定收费标准；实行企业化管理的单位，可参照经营性收费原则制定收费标准。经营性收费是指以盈利为目的的经营性服务所收取的费用。经营性收费是按其提供服务的社会中等成本，加所纳税金和合理利润，考虑供需情况、相关行业比价、毗邻地区收费水平和政策要求等制定收费标准。对行政性、事业性和国家管理的经营性收费，实行收费许可证制度。凡是向社会收费的，必须经所在地物价部门审核批准，领取《收费许可证》和《收费员证》后，方可收费。行政事业性收费和经营性收费的区别。①在主体上的区别。行政事业性收费的征收主体是主要市政府机关或事业单位；经营性收费的征收主体是从事经营活动的企业性单位。②在属性上的区别。行政事业性收费本质是一个财政分配问题，体现国家与企事业单位以及个人之间分配关系，属于政府行为，具有一定的强制性；经营性收费属于价格范畴，体现商品或劳务买卖双方之间的交换关系，是企业行为，具有自愿性和竞争性。③在收入归属上的区别。行政事业性收费形成的收入属于政府财政收入；经营性收费所形成的收入属于团体或个人的收入，当然也应当缴纳税金。④在目的上的区别。行政事业性收费主要是体现受益补偿原则，在受益对象接受特定公共产品或服务时，适当负担一部分费用，其收入用于补偿或部分补偿提供管理或服务成本，不以盈利为目的；而经营性收费是一种商品价格补偿，以盈利为目的，不仅要收回成本，而且要赚取利润，具有盈利性目的。

关于污水处理费是属于事业性收费还是经营性收费？中国的学者对污水处理费的认知不同。傅涛等认为：污水处理费是政府的事业性收费。其理由为，从用水户而言，污水排放不是一种商品或者服务形式的直接消费，治理环境污染的责任是政府，污水处理费从性质上看是环境水价，是用水户对一定区域内水环境损失的价格补偿，是政府财政支付环境补偿费不足部分的补充。补偿的尺度决定于城市排污总量与环境自净能力的差值，也决定于地方政府与用水者环境支付之间的责任分摊比率。"越是城市化程度高、人口密集的地区，环境自净能力越差，需要支付的环境水价会越高；地方政府财政选择性承担的环境责任越小，公众支付的环境水价会越高。地方政府如果以其他享受委托或授权社会企业承担污水处理设施的建设和运营责任，则是一种经济属性的商业委托，不能推卸政府固有的环境责任。环境水价收取的前提是地方政府拥有环境修复的财政不足，环境水价过低，将影响地方政府在环境领域的财政能力，从而加大政府对污水处理设施运营商进行商业支付的违约风险"（傅涛、常杪、钟丽锦，

2006）。韩美认为：一些城市目前征收的排污费或污水处理费体现了外部成本，但它并不是完全意义上的外部成本，只是外部成本的一个方面，而完全意义上的外部成本应包括水污染造成的经济损失和恢复水环境的费用（韩美、张丽娜，2002）。广东物价局课题组认为污水处理费是污染物处置价格，是降低和消除污染物对环境的破坏，对污染物处置所支付的成本补偿费用。对污染物排放者来说，它体现了"污染者付费"的理念；对处置者来说，则体现了"保护者受益"的理念。属于补偿型环保价费体系，是强制污染者对排放污染做出补偿，促进生态保护（广东物价局课题组，2008）。傅平等认为："完全成本水价最能够体现水资源的商品性，可促进水资源利用效率和实现水资源可持续利用。完全成本由水资源的机会成本、内部成本和外部成本构成。机会成本是水资源价值的另一种表述，相当于水资源价值；内部成本包括水文勘探和水质监测成本、水利工程和自来水基础设施的建设和运行维护成本；外部成本是指污水对环境损害的成本。在目前的实践中，水资源费、水利工程费、自来水处理费和污水处理费就基本构成了完全成本水价。污水处理费指为用户提供排水和污水处理服务而收取的费用，其目的是补偿排水和污水处理设施的建设、运行和维护管理成本，应包括税金和适当利润。它近似替代污水对环境损害的成本"（傅平、谢华、张天柱、陈吉宁，2003）。沈大军认为："水管理由水资源管理、水服务管理和水环境管理三部分组成，水价的制定也应包括水资源费的制定，水服务（供水和污水处理）价格的制定和排污费的制定。水资源费是制定要体现的是合理开发利用水资源的经济激励，水服务价格的制定需要解决如何保障服务以公平、效率提供的问题，排污费只当面对的是如何合理利用水环境承载能力和水环境保护的问题。在其中，水资源费和排污费的制定属于社会和环境管理的范畴，水服务价格制定属于经济管制的范畴"（沈大军、陈雯、罗健萍，2006）。

以上的观点可以分为两类，一类是认为污水处理本身是政府治理水污染问题，污水处理费是政府为了弥补其本身治理环境财政资金不足而向用户收取的不足部分的补偿费用，污水处理费是事业性收费。另一类则认为污水处理和供水一样，是政府向用户收取的水服务（包括供水服务和污水处理服务）而收取的费用，是经营性收费。从中国现有的污水处理费改革文件中可以看出，污水处理费将从事业性收费转变为经营性收费。

另外，污水处理费和排污费不同。排污费是强制排污单位对其已经或仍在继续发生的环境污染损失或危害承担的经济责任，由环境保护行政主管部门代表政府，依法向排放污染物的单位强制收取费用。它包括排污费和超标排污费，是排污者应当履行的法定义务，属于行政事业性收费。《排污费征收使用管理条例》第二条规定排污者向城市污水集中处理设施排放污水、缴纳污水处理费用的，不再缴纳排污费。从法律规定可以看出，二者并不能完全等同。免缴排污费的条件是排污者向城市污水集中设施排放污水并缴纳污水处理费。而且如果排放的污水超过国家或地方规定的污水集中处理设施接纳标准的，在缴纳污水处理费用的同时，还应缴纳超标排污费。对于排放污水达到污水集中处理设施接纳标准的，则不再征收超标排污费。

2.3.3　行政事业性收费

1987年颁布的《中华人民共和国价格管理条例》正式使用行政性、事业性收费的概念。行政事业性收费的主体不仅包括行政机关和事业单位，还包括代行政府职能的社会团体及其他组织。

行政事业性收费是指国家机关、事业单位、代行政府职能的社会团体及其他组织根据法律、行政法规、地方性法规等有关规定，依照国务院规定程序批准，在向公民、法人提供特定服务的过程中，按照成本补偿和非营利原则向特定服务对象收取的费用。

污水处理费是属于事业性收费还是经营性收费？不同学者有不同的观点，在现实中，可以根据污水处理厂投资与运作情况来区分，如果污水处理厂是全部由政府投资，由政府经营管理，按照行政事业收费；如果有些污水处理厂按照市场化经营，企业化管理，按照经营服务性收费。例如：珠三角地区地级以上市城区按行政事业性质收费的1.00元/立方米，按经营性质收费的1.30元/立方米；县城和建制镇按行政事业性质收费的0.90元/立方米，按经营性质收费的1.20元/立方米。东西北地区地级以上市城区按行政事业性质收费的0.90元/立方米，按经营性质收费的1.20元/立方米；县城和建制镇按行政事业性质收费的0.80元/立方米，按经营性质收费的 1.10 元/立方米。

从以上例子可以看出，污水处理厂家的不同投资主体不同运作方式，污水处理费的性质不同。

2.3.4　公用事业价格

公用事业价格也称为公用事业收费，主要包括公共交通、邮政、电讯、城市供水排水、热力、供电、供气等价格。

城市和乡镇中供居民使用的电报、电话、电灯、自来水、公共交通等企业的统称广义则包括涉及城市供水、市政公用设施、公交车、出租车、户外广告、市容、环卫、园林绿化、公厕、路灯、燃气、广场、下水管道、城市养犬、市政工程管理在内的所有企事业单位。

公用事业价格是更多地将污水处理从公共物品的角度来考虑其定价的问题。

第三章　污水处理费定价影响因素及方法选择

3.1　污水处理费定价影响因素

污水处理成本是污水处理价格水平确定的基础。污水处理成本主要包括运行成本和投资成本；运行成本主要是指污水处理厂日常运行发生的成本，主要包括动力费、人员工资、药剂费、污泥处置费、维修费、管理费、材料费、化验费、车辆费等，投资成本主要是指污水处理厂建设并形成固定资产和无形资产成本。除了成本因素还有污水处理供求状况等因素，影响以上污水处理费定价的因素有很多，主要包括以下几个方面：

3.1.1　污水处理规模和工艺

污水处理厂设计规模和工艺的选择都直接影响着污水处理厂的投资成本。污水处理行业是投资推动型行业，投资规模大，投资回收期长，所以规模和工艺的选择对投资成本有着很大的影响，建设规模过大，可能造成没有那么多污水需要处理，造成设备闲置，规模过小，没有经济效益，而且会对民生造成影响。工艺的选择也要适合区域的特点也需要满足进水水质的要求和污水处理排放达到的程度。城市污水处理通常可选用活性污泥法、生物膜法、接触氧化法等。活性污泥法在处理城市污水方面具有处理效果好、出水水质稳定、运转经验丰富等优点，在国内外的城市污水处理厂中被普遍采用。

传统活性法推广年限长，具有成熟的设计及运行经验，处理效果可靠。该工艺一点进水，水力流态为推流式，一般有曝气池、曝气系统、二沉池和污泥回流系统组成。该工艺具有以下特点：①传统活性污泥法必须设置初沉池；②传统活性污泥法产生剩余污泥量比较大，且稳定性差；③传统活性污泥法对脱氮除磷效果很差；④对水量、水质的耐冲击负荷差，稳定性差一点进水，曝气池进水端严重缺氧，后端氧过量，氧的利用率不高，造成能耗过大；⑤针对有脱氮除磷要求的污水处理厂基本上不采用此工艺；⑥采用推流式水力流态，在整个流程中，微生物可以经历几个世代周期，出水水质好；⑦污泥负荷取值比较高，曝气池容积利用率高，和其他工艺比较，曝气池的容积比较小，可以节省投资。

针对传统活性污泥法工艺本身特点，一般适用于建设规模在 20 万立方米/日以上的大型污水处理厂，不适用于中小型污水处理厂。

1. A/B 法

A/B 工艺为两段活性污泥法，即分为 A 段和 B 段，A 段为吸附段，B 段为生物氧化段。A 段设计负荷比较大，有机物的去除主要是靠微生物能够迅速的吸附大量有机物，但对这些有机物并没有将其降解为小分子无机物。因此，A 段对有机物的去除主要是通过絮凝、吸附作用实现的，产生的污泥量很大，且都是生污泥。B 段可以采用一般的活性污泥工艺，也可以根据脱氮除磷的要求，将 B 段工艺设计为 A/O 工艺、氧化沟工艺、SBR 工艺等，B 段对有机物的去除主要通过微生物新陈代谢作用实现的。

2. A/O（厌氧/好氧）法

A/O（Anaerobic/Oxic）工艺即厌氧/好氧工艺是厌氧区和好氧区组成的最简单的强化生物除磷工艺。活性污泥被回流至厌氧区中，污泥中的聚磷菌在厌氧条件下，受到压抑释放出体内的磷酸盐，产生能量用以吸收快速降解有机物，并转化为 PHB（聚 β 羟丁基酸）储存起来。然后混合液进入好氧区，聚磷菌在好氧条件下降解体内储存的 PHB 产生能量，用于细胞的合成和吸收磷，形成高浓度的含磷污泥，随剩余污泥一起排出污水系统，从而达到生物除磷的目的。

3. A/A/O 工艺

A/A/O 法即厌氧/缺氧/好氧活性污泥法，其构造是有三个好氧区。污水在流经三个不同功能分区的过程中，在不同微生物菌群作用下，使污水中的有机物、氮和磷得以去除，达到同时进行生物除磷和生物除氮的目的。在系统上，该工艺是典型的除磷脱氮工艺，在厌氧、缺氧、好氧运行的条件下，可抑制状菌和繁殖，克服污泥膨胀，使得 SVI 值一般小于100，有利于泥水分离在厌氧和缺氧段内只设搅拌机。由于厌氧、缺氧和好氧三个区严格分开，有利于不同微生物菌群的繁殖生长，脱氮除磷效果好。目前，该法在国内外广泛使用。

4. 氧化沟工艺

严格地说，传统的氧化沟不属于专门的生物除磷脱氮工艺。但随着不断发展，氧化沟技术已远远超出早先的实践范围，具有多种多样的工艺参数和功能选择，以及构筑物形式和操作方式。可以认为氧化沟与其他工艺类别的差别不在于工艺要领和水质处理效果，而在于实现工艺概念的手段，即机械曝气设备及其布置方式所产生的特殊水力学流态、电子供体的供给方式及其时空分布。氧化沟的特有技术经济优势和除磷脱氮的客观需求，使两者以不同的方式相结合成为必然，从而产生了一系列除磷脱氮技术与氧化沟技术相结合的污水处理工艺流程。典型的结合方式为单独的厌氧池加氧化沟，硝化和反硝化功能在氧化沟内完成。也有厌氧池与氧化沟结合为一体的，例如美国 EIMCO 公司和荷兰 DHV 公司联合推出的CARROUSEL—2000 工艺。还有通过控制供氧量和各个反应区域所占容积比，在沟内同时实现脱氮的 ORBAL 氧化沟工艺等。该工艺费用较小，经济，适合中小城市污水处理。

5. SBR 工艺系列

序批式活性污泥法，简称 SBR（Sequence Batch Reactor），属间歇运行的活性污泥法工艺，与传统连续流活性污泥法不同，SBR 法是在同一池子内，在不同的时间段完成生物处理过程和泥水分离过程。该工艺也比较适合中小型污水处理厂。

以上各种工艺都有其适用条件和特点，不同的城市应当根据当地环境的需要，选择适合自己的污水处理工艺。

3.1.2　污水处理投融资结构

污水处理企业有投资规模大、投资回收期长的特点，其前期投资建设成本占总投资结构中一半以上，而污水处理运行成本相对较小。污水处理厂的资金来源主要由政府投资，社会法人投资、国际金融组织借款、商业银行贷款和个人借款等。国家近几年利用国债资金投资污水处理产业占了很大的比重。

投资结构也决定的污水处理业的所有制结构。因为投资结构决定了企业的产权结构。假如全部由国家投资，就是国有企业，假如全部由私人投资，就是私有企业。投资主体都是为了取得相应的投资回报率。当然，政府投资公共事业的目的也不全是为了获得利润，而更多的考虑是公共福利，但这造成国有企业缺乏内部激励机制，而不重视管理去降低成本和不积极进行技术改造的理由。而私人投资总是为了谋求高的投资回报率。而投资回报率的高低是影响污水处理定价的重要因素之一。

3.1.3 污水处理企业的经营模式

从产权上讲，企业可以分为国有企业和私有企业，从经营上讲也可以分为国营和私营。但二者没有必然的对应关系，国有企业的所有权和经营权可以通过"委托—代理"的方式分离，即：国有可以民营，私有也可以国营。因此在公共事业市场化和产业化的过程中，为了既能够体现政府的控制，又能保证企业的独立经营。污水处理出现了适合其行业特点的建设和经营模式。这包括国有国营、国有民营、私有私营，私有国营，特性经营、委托经营、租赁经营等多种模式。根据污水处理企业的具体特点，其建设和运行还包括下列模式：

DBO 是 Design-Build-Operate 的缩写，即设计—建设—运营，指的是承包商设计并建设一个公共设施或基础设施，并且负责运营，满足在工程使用期间公共部门的运作要求。承包商负责设施的维修保养以及更换在合同期内已经超过其使用期的资产，在这个合同期满后，资产所有权移交回公共部门。

DB 模式：DB 是 Design-Build 的缩写，即设计—建设，它是近年来在国际工程中常用的现代项目管理模式，又被称为设计和施工（Design-Construction）交钥匙工程（Turukey），或者是一揽子工程（Package Deal）。通常的做法是，在项目的初始阶段，业主邀请一位或者几位有资格的承包商（或具备资格的管理咨询公司），根据业主的要求或者是设计大纲，由承包商或承包商会同自己委托的设计咨询公司提出初步设计和成本概算。根据不同类型的工程项目，业主也可能委托自己的顾问工程师准备更详细的设计纲要和招标文件，中标的承包商将负责这个项目的设计和施工。

EPC 模式：EPC 是 Engineer-Procure-Construct 的缩写。其含义是对一个工程负责进行"设计、采购、施工"，与通常所说的工程总承包含义相似。一般工程总承包是指对工程负责设计、采购设备、运输、保险、土建、安装、调试、试运行，最后机组移交业主商业运行，整个过程称为工程的总承包。

BOT 模式：BOT 是 Build-Operate-Transfer 的缩写，即建设—经营—转让，它代表着一个完整的项目融资概念，又称为"特许权融资方式"，具有民营化、全额投资、特许期和垄断经营 4 个基本特征。这种模式的基本线路是：由项目所在地政府或所属机构为项目的投资者提供一种特许权协议作为项目融资的基础，由公司作为项目的投资者和经营者安排融资，承担风险，开发建设项目并在有限的时间内经营项目获取商业利润，最后根据协议将项目转让给相应的政府机构。

还包括 TOT（Transfer-Operate-Transfer）模式、PPP（Private-Public-Partnership）模式和 ABS（Asset Backed Securitization，资产证券化融资）等模式。选择什么样的经验模式，企业和政府签订什么样的经营协议，包括污水处理费的价格、合理的经营报酬、经营风险，都对污水处理定价方法选择、定价的水平有着重要的影响。

3.1.4　污水处理进水和出水水质

污水处理简单地说就是对生活污水和工业废水进行净化的过程，净化的程度也就是污水处理的程度。净化的程度越高，出水水质越好，当然需要的技术和成本就越高。《污水处理厂污染物排放标准》规定了基本控制项目排放标准（见表 3-1）、部分一类污染物的排放浓度和选择控制项目的最高排放浓度。

表 3-1　基本控制项目最高允许排放浓度（日均值）

单位：毫克/升

序号	基本控制项目	一级标准		二级标准	三级标准
		A 标准	B 标准		
1	化学需氧量（COD）	50	60	100	120[①]
2	生化需氧量（BOD$_5$）	10	20	30	60[①]
3	悬浮物（SS）	10	20	30	50
4	动植物油	1	3	5	20
5	石油类	1	3	5	15
6	阴离子表面活性剂	0.5	1	2	5
7	总氮（以 N 计）	15	20		
8	氨氮（以 N 计）	5（8）	8（15）	25（30）	—
9	总磷以 P 计 2005 年 12 月 31 日前建设的	1	1.5	3	5
10	总磷以 P 计 2006 年 1 月 1 日起建设的	0.5	1	3	5
11	色度（稀释倍数）	30	30	40	50
12	pH	6~9			
13	粪大肠菌群数（个/升）	1 000	10 000	10 000	

注：①下列情况下按去除率指标执行：当进水 COD 大于 350 毫克/升时，去除率应大于 60%；BOD 大于 160 毫克/升时，去除率应大于 50%。②括号外数值为水温＞120℃时的控制指标，括号内数值为水温≤120℃时的控制指标。

数据来源：《城镇污水处理厂污染物排放标准》（GB 18918—2002）。

还有进水水质也会影响污水处理厂的出水水质。进水水质浓度越高，需要投入的成本也越高。而且处理工艺也对进水水质有要求，因此在污水处理上设计的时候，就要根据不同地区进水水质不同而设置不同污水处理工艺。污水处理厂的进水水质主要与以下因素相关：①城市性质和经济发展水平。②工业废水水质。③其他污染源。④排水体制。

3.1.5　生产资料的价格水平

生产资料价格的高低直接影响污水处理的运行成本和建设成本，生产资料的价格的上涨，可以直接导致运行成本和建设成本的上升。比如，由于电价和工人工资福利的上涨，就会导致运行成本的上升，污水处理设备价格的上升会导致建设成本和维护成本的上升。因此定价中应当考虑由于通货膨胀等因素引起的污水处理行业生产资料价格的上升，因为这将导致运行成本和建设成本的增加。

3.1.6 报酬率和税收

国家出于对污水行业发展的需要，鼓励国内外金融机会和民间资本进入污水处理行业。金融机构和民间投资者对污水处理企业进行投资，就希望得到相应的投资回报，因为资本是有价值。但报酬率应该是多少才算合理，没有统一的标准。合理的报酬率不能太高也不能太低，应当不低于资本投资的机会成本。污水处理行业毕竟是公共事业，基于对社会福利的考虑，政府不可能对污水处理的投资确定较高的报酬率。一般确定报酬率为行业的平均水平或社会的平均水平。中国对供水行业的报酬率确定在8%～10%，一些学者提出应该比同期贷款利率高出 2%～3%。污水处理行业可以参照供水行业的报酬率。污水处理行业具有公益性特征，中国也对污水处理行业也采取了税收优惠的政策。明确规定污水处理费不再征收增值税。另外国家对外商投资污水处理行业也给予了税收优惠政策。报酬率和税收也是影响污水处理价格水平的直接因素。

3.2 污水处理供求因素

中国污水处理行业长期以来一直处于政府垄断的状态下，污水处理费由政府直接定价。但是近年来市场化程度逐渐提高，供求关系对污水处理价格水平还是有很大的影响。特别是中国污水处理市场的需求很大，资金缺口很大，而污水处理供给虽然高速增长，但是还是不能满足污水处理需求。这会导致污水处理价格的持续上涨。

3.2.1 污水处理的需求状况

1. 市政污水：处理能力建设仍存在较大缺口

目前，中国水处理市场可粗略分为市政水处理、工业费水处理两大板块。市政水处理领域，截至 2014 年底，全国设市城市、县累计建成污水处理厂 3 717 座，污水处理能力 1.57 亿立方米/日，较 2013 年新增约 800 万立方米/日。城市污水处理厂的大规模建设逐渐接近尾声。距离《"十二五"全国城镇污水处理及再生利用设施建设规划》中提出的 2.08 亿立方米/日的目标尚有 0.51 亿立方米/日，缺口较大。较之前四年平均每年 800 万立方米/日的建设进度，2015 年需加速建设方可完成目标。预计 2015 年中国水务建设行业将会迎来市场容量迅速扩大的局面。

预计未来污水处理行业主要向两个方向延伸：其一，污水处理设施开始向乡镇和农村延伸；其二，大城市无节制开采地下水不具有持续性，谋求建设再生水设施体系，缓解部分供水压力。对于农村水务而言，由于居住分散，将城市中成熟的管网＋污水处理厂的经验直接复制到农村并不适用，开发小型化设备就地处置更适宜。

2. 工业废水：加强监管倒逼环保加码

工业水处理涉及的行业包括石化、金属冶金、电力、能源、造纸、煤化工、纺织、制革、农药、化学肥料等诸多行业。目前而言电力、石化、纺织、造纸和冶金领域是工业水处理的主要下游市场。由于相关工业企业分布较为分散且监管体系建设不到位，工业不达标废水偷排漏排对我国的天然水体造成了严重污染。未来的工业水处置治理需从政府监管和技改提标两条路包抄，才能遏制污染的蔓延。

目前，我国各地陆续开始以园区形式管理辖区的工业企业，在完善的监测硬件基础上，引入第三方专业的环保公司，以 BOO 模式投建环保设施，达标处置园区内所有企业的固废和污水。政府组建园区管委会，负责监管企业合法排污，足额收取治污费用转交给第三方环保公司。

以园区为单位引入工业污染物的第三方处置，既可以发挥规模效益降低工业污水和固废的处置成本，并提高环保处置效果，又可以建立更加完善的制衡机制，防止偷排漏排现象出现，这一模式有望成为未来我国工业治污的主流趋势。

鉴于不同下游行业的工业水成分千差万别，对应的水处理从工艺到成本，甚至行业发展模式也相去甚远。以污染物构成角度区分，工业水主要包括有机废水、高盐水和重金属废水三类。对于有机废水而言，主要通过好氧分解与厌氧相结合的生物降解方法对有机物进行高效分解，对于出水标准要求高的项目，可在末端引入过滤效果更好的 MBR 或 CMF 工艺。

其次，高盐水处置主要包括反渗透膜法、正渗透膜法、蒸发和电渗析等方法，鉴于电渗析与蒸发等方法耗能较高，膜工艺经过技术改良与成本优化将会成为主流的处理工艺。最后，重金属废水的治理，主要通过投加碱性物质促使离子沉淀、电解、离子交换和膜法等工艺去除。

截至 2014 年底，我国工业污水处理量达到 581 亿吨，处理能力 2.93 亿吨/日，设施运行费用达到 736 亿元。预计在国家空前监管与处罚力度的震慑下，大量工业企业将通过污水提标改造降低排污成本，同时工业水处置第三方运营全面铺开，有望带来市场的迅速放量。按照工业水单位日处理能力，设施建造成本 2 000 元/吨，运行费用 2 元/吨计算，假设其中 10％的设施进行提标改造，并进行第三方运营，对应的建造市场空间为 586 亿元，对应运营市场空间为 214 亿元/年。

3. 污水处理费有望继续提升

2014 年 1 月 3 日，国家发改委、住建部印发《关于加快建立完善城镇居民用水阶梯价格制度的指导意见》，提出部署全面实行城镇居民阶梯水价制度，要求 2015 年底前设市城市原则上要全面实行居民阶梯水价制度，具备实施条件的建制镇也要积极推进。以保障居民基本生活用水需求为前提，以改革居民用水计价方式为抓手，通过健全制度、落实责任、加大投入、完善保障等措施，充分发挥阶梯价格机制的调节作用，促进节约用水，提高水资源利用效率。

2015 年 1 月 26 日，国家发改委、财政部和住建部联合下发《关于制定和调整污水处理收费标准等有关问题的通知》。《通知》明确：2016 年底前，设市城市污水处理收费标准原则上每吨应调整至居民不低于 0.95 元，非居民不低于 1.4 元；县城、重点建制镇原则上每吨应调整至居民不低于 0.85 元，非居民不低于 1.2 元；已经达到最低收费标准但尚未补偿成本并合理盈利的，应当结合污染防治形势等进一步提高污水处理收费标准；未征收污水处理费的市、县和重点建制镇，最迟应于 2015 年底前开征，并在 3 年内建成污水处理厂投入运行。

目前全国大部分地区政府所征收的污水处理费是低于《通知》里面的要求的，在全国 30 个省会级城市中（拉萨数据缺失），只有 20％的城市的居民污水处理费和非居民污水处理费（为便于统计，以工业污水处理费表征）达到 0.95 元/吨和 1.4 元/吨，随着各地污水处理费的上调，地方政府的财政支付能力将得以提升，从而保障污水处理项目投入，同时为污水处理公司上调污水处理费提供机遇。

从以上分析可以中国污水排放具有两个特点。一是中国污水排放量呈递增趋势，生活污水排放增速快于工业废水排放增速。二是生活污水排放量比重始终保持稳定增长趋势。生活污水排放总量的比重持续增加主要有两方面的原因：一方面是由于中国人口的增长及中国经济的快速发展，城镇化进程加快，人们的消费观念提高，这些都扩大了对污水处理的需求。另一方面是由于中国对于污水的控制主要在于工业企业的废水排放监测控制，工业废水排放增速放缓。

3.2.2　污水处理的供给状况

污水处理行业的规模。2014 年我国污水处理行业规模以上企业数量增长到 277 家，比 2013 年新增 30 家。从 2010 年到 2014 年中，我国污水处理行业的资产总额在逐年提高，从 2010 年的 687.80 亿元增长到 2014 年的 1 473.77 亿元，资产总额增长了 1.14 倍。行业负债总额从 2010 年的 368.56 亿元增长到 2014 年的 755.36 亿元，负债总额增长了 1.05 倍。从发展速度来看，资产增长率在 2011 年达到最低点后，逐年增加，到 2014 年高达 22.3%；负债增长也在 2011 年达到最低点后有所回升，2013 年小幅下降，到 2014 年高达 22.02%。

表 3 - 2　2010—2014 年污水处理行业规模

单位：个，亿元，%

年份	企业数量	资产总计	增长率	负债总计	增长率
2010	302	687.80	17.42	368.56	15.84
2011	185	732.93	8.34	352.50	3.33
2012	213	844.13	11.43	415.48	13.62
2013	247	1 081.47	12.81	551.32	10.75
2014	277	1 473.77	22.30	755.36	22.02

数据来源：国家统计局。

由于水污染治理将成为环保治理的重头戏，预计总投资达 2 万亿的《水污染防治行动计划》将于 2015 年上半年出台，水处理行业将迎来大发展期。此外，新环保法已于 2015 年 1 月 1 日正式实施，环保部承诺将进一步出台细化配套措施，督促各地严格执法，从而倒逼各为企业环保投入力度加大，市场一直诟病环保投入资金短缺，而 PPP 模式的推广不但能缓解资金紧缺，且提高运行效率，水处理行业将引来黄金发展期。

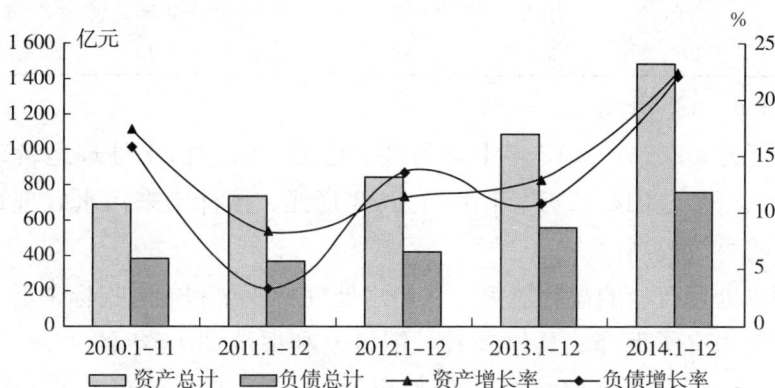

图 3-1 2010—2014 年污水处理行业规模

数据来源：国家统计局。

污水处理行业效益：销售收入和利润总额上升、亏损额下降。从 2010 年到 2014 年中，我国污水处理行业的销售收入和利润总额逐年提高，从 2010 年的 129.75 亿元增长到 2014 年的 349.93 亿元，销售收入增长了 1.7 倍；行业利润总额从 2010 年的 7.25 亿元增长到 2014 年的 44.78 亿元，利润总额增长了 5.18 倍。我国污水处理行业的亏损额从 2010 年的 6.3 亿元增长到 2014 年的 4.13 亿元，亏损额下降了 0.34 倍。从增长速度来看，2014 年销售收入增长率大幅下降，仅为 9.96％，较 2013 年下降了 11.06 个百分点；2014 年利润总额仅为 9.15％，较 2013 年下降了 20.76 个百分点；此外，2014 年亏损额下降了 1.58％。

"水十条"以及新的环保法，都将给环保行业带来重大发展机遇。预计"水十条"明确治理目标，是到 2017 年前消灭劣五类水，加之"水十条"总投资有 2 万亿元的规模，水污染处理市场空间广阔。污水处理特别是农村污水处理市场空间很大。未来五年我国农村污水处理工程市场年均

表 3 - 3　2010—2014 年污水处理行业经营效益

单位：亿，%

年份	销售收入	增速	利润总额	增速	亏损额	增速
2010	129.75	32.88	7.25	139.38	6.30	−1.65
2011	189.00	34.26	24.22	139.18	5.67	5.88
2012	236.64	16.16	25.46	−4.66	4.41	−7.15
2013	297.72	21.12	36.72	30.91	3.95	−8.55
2014	349.93	9.96	44.78	9.15	4.13	−1.58

数据来源：国家统计局。

为 575 亿元，2014—2015 年平均为 322 亿元。农村污水处理运营市场年均为 62 亿元，2014—2015 年平均为 32 亿元。预计未来污水处理行业经营效益将继续提高。

污水处理行业的盈利能力。从污水处理行业盈利能力指标来看，行业的盈利能力有所下降。具体来看，销售毛利率从 2010 年的 22.81% 提高到 2013 年 24.59%，但 2014 年降低至 18.84%。销售利润率在 2011 年和 2012 年内小幅回落后，在 2014 年大幅下降，较 2013 年下降了 7.23 个百分点。资产报酬率在 2012 年小幅下降后，在 2014 年大幅下降，较 2013 年下了 2.23 个百分。总体来看，2014 年污水处理行业的盈利能力大幅下降，销售毛利率、销售利润率和资产报酬率均降低到近五年的最低点。

表 3 - 4　2010—2014 年污水处理行业盈利能力

指　　标	2010 年	2011 年	2012 年	2013 年	2014 年
销售毛利率（%）	22.81	23.76	24.29	24.59	18.84
销售利润率（%）	12.80	12.34	10.76	12.82	5.59
资产报酬率（%）	4.05	4.45	4.21	4.45	2.42

数据来源：国家统计局。

污水处理行业的偿债能力。从污水处理行业偿债能力指标来看，前四年企业的负债率在波动下降，从 2010 年的 51.25% 下降到 2013 年的 50.98%。但 2014 年负债率提高到 53.59%，较 2010 年提高了 2.34 个百分点。产权比率跟负债率类似，从 2010 年的 105.14％下降到 2013 年的 92.66％。但 2014 年产权比率提高到 115.45％，较 2010 年提高了 10.31 个百分点。利息保障倍数总体上处于下降的趋势，2014 年降至最低点。总体来看，2014 年污水处理行业财务风险有所增加。

表 3 - 5　2010—2014 年污水处理行业偿债能力

指　　标	2010 年	2011 年	2012 年	2013 年	2014 年
负债率（％）	51.25	50.98	49.22	48.09	53.59
产权比率（％）	105.14	103.99	96.93	92.66	115.45
利息保障倍数（倍）	4.01	4.21	3.52	3.88	1.91

数据来源：国家统计局。

污水处理行业的发展能力。从发展能力指标来看，近五年来利润总额增长率总体上保持增长的趋势，尤其是 2013 年和 2014 年增长率高达 139％左右。资产增长率从 2010 年 22.3％一直下降到 2013 年的 8.34％，直到 2014 年大幅增长到 17.42％。销售收入增长率方面，除了 2012 年小幅下降后，总体上保持增长的趋势。

综合以上指标可以看出，除了销售收入增长率略有下降后，利润总额增长率和资产增长率都出现了不同程度的增长，说明 2014 年污水处理行业的发展能力开始恢复。

表 3 - 6　2010—2014 年污水处理行业发展能力

指　　标	2010 年	2011 年	2012 年	2013 年	2014 年
利润总额增长率（％）	9.15	30.91	−4.66	139.18	139.38
资产增长率（％）	22.30	12.81	11.43	8.34	17.42
销售收入增长率（％）	9.96	21.12	16.16	34.26	32.88

数据来源：国家统计局。

污水处理行业的营运能力。从营运能力指标来看，应收账款周转率在波动中保持上升趋势，从 2010 年到 2011 年大幅上升，2012 年有所下降，2013 年有大幅上升，2014 年小幅下降。产成品周转率一直保持平稳上升的趋势。流动资产周转率从 2010 年到 2012 年持续上升，接着 2013 年和 2014 年持续下降。总资产周转率保持比较平稳，均保持在 0.2％左右。综合这四项指标可以看出，2014 年污水处理行业的行业活跃度比 2013 年低。

表 3 - 7 2010—2014 年污水处理行业营运能力

指 标	2010 年	2011 年	2012 年	2013 年	2014 年
应收账款周转率（次）	3.82	5.36	4.66	6.00	5.34
产成品周转率（次）	103.93	109.81	116.24	128.57	174.14
流动资产周转率（次）	0.71	0.98	1.07	1.15	0.99
总资产周转率（次）	0.24	0.28	0.28	0.26	0.21

数据来源：国家统计局。

3.2.3 污水处理的供求平衡分析

当前我国污水处理装备产业的总体供给水平尚处于可满足现实需求的一般水平上，前沿技术研发不够，先进污水处理技术装备的市场占有率仍在 10% 以下，造成环境工程投资成本和运行费用偏高，而且运行不稳定。从进出口情况看，国产装备出口始终处于起步阶段，而且集中在中低端产品，整体国际竞争力不强。反观国外，污水处理产业发达国家已经完成了技术装备的原始积累，高科技技术与污水处理产业的融合成为主流趋势，产业发展模式是提供整体解决方案，输出技术，提供核心关键设备和零部件，产业利润率远远高于国内。在此背景下，预计国家会出台宏观政策和一系列经济技术政策，推动污水处理装备快速发展，提升产业技术水平。

中国目前经济增速放缓，意味着能源、资源消费增速也将随之下降，污染排放叠加将进入平台期。在此背景下，国家势必加大对落后产能的淘汰力度，用严格环境标准的手段，控制高污染产业的发展，并加大对产业的治理力度，为环境治理创造条件，也给污水处理产业发展带来空间。

3.2.4 污水处理供求关系对污水处理价格水平的影响

污水处理在中国属于公用事业，中国一直努力致力于公共事业的市场化改革，市场化程度也逐步提高。污水处理价格水平还不能由供求关系来决定，但是污水处理需求大于供给的情况，进一步反映了中国城市污水处理需求量大而供给不足的情况。这说明污水处理建设和运行还需要大量的资金投资，才能保证污水处理设施的建设的资本收回和持续运行。中国有一半的污水处理厂处于停止运行状态其中重要的原因是缺乏足够的资金支持。污水处理费将是资金的重要来源。中国污水处理费征收经历了从无到有，并不断上升阶段。2015 年 1 月 26 日，国家发改委、财政部和住建部联合下发《关于制定和调整污水处理收费标准等有关问题的通知》（简称《通知》）。随着通知的发布，污水处理费用标准的提高，对于污水处理企业是极大的利好，同时污水处理行业的资金短缺的现状将会得到很大的改善，同时污水处理价格的提高也为污水处理行业的发展提供了条件。

3.3　行业政策因素

污水处理行业是典型的公用事业，因此其主要驱动因素是产业政策，政策导向很大程度影响着行业的发展。行业政策因素主要是指国家和地方政府的对污水处理行业采取的一系列诸如投资、补贴和收费管制的政策。如国家鼓励国外及民间资本进入污水处理行业；对污水处理企业进行营业税和增值税的优惠减免；制定污水处理价格水平的最低标准；当然也包括处理的排放标准、工艺要求等都会对污水处理收费产生影响。

近些年来，国家政策不断向行业倾斜，政策导向主要包括以下几个方面：①改善行业设施不足及落后现状，加大行业投资力度；如《城镇污水处理能源消耗限额》，《国家鼓励发展的重大环保技术装备目录（2014 年版)》，《重大环保技术装备与产品产业化工程实施方案》，《城镇污水处理厂运行监督管理技术规范》，《采油废水治理工程技术规范》和《国家新型城镇化规划（2014—2020)》。②针对污水处理费偏低的问题，推动行业市场化定价机制；如新《环境保护法》。③吸引社会资金参与投资及运营，着力缓解资金压力。如《污水处理费征收使用管理办法》，2014 年和 2015 年出台如下污水处理行业的相关政策。

表 3 - 8   2014 年我国污水处理行业相关政策汇总

出台日期	发布机构	政策名称	主要内容	政策导向
2015 年 1 月	财政部、国家发展改革委和住房城乡建设部	《污水处理费征收使用管理办法》	就污水处理费的征收缴库、使用管理等问题作出规定。该办法自 2015 年 3 月 1 日起施行	鼓励各地区采取政府与社会资本合作、政府购买服务等多种形式，共同参与城镇排水与污水处理设施投资、建设和运营
2014 年 12 月	北京市	《城镇污水处理能源消耗限额》	我国首个针对污水处理能源消耗限额的地方标准于 2015 年 3 月 1 日起实施，北京 91 座污水处理厂的能耗将面临审核	督促污水处理厂通过节能升级改造、技术更新等，达到标准要求，实现节能
2014 年 12 月	工信部、科技部和环保部	《国家鼓励发展的重大环保技术装备目录（2014 年版)》	《目录》瞄准国家在环境保护工作方面提出的目标任务，以满足重点领域、重点行业和重点污染物控制为工作目标，提出了一批先进适用的环保技术装备。其中，大气类技术装备 25.2%，水类 23.4%，在应用领域上，涵盖市政、火电、钢铁、水泥、石油化工等重点行业	与此前 2011 版目录相比，此次的《目录》新增了这几年新研制的治理效果明显提升、资源综合利用程度显著提高、具有明显节能降耗与协同处理效果的先进环保技术装备，可以说技术更先进，并具有一定前瞻性
2014 年 10 月	国家发改委、工业和信息化部、科技部、财政部和环境保护部	《重大环保技术装备与产品产业化工程实施方案》	提出到 2016 年，环保技术装备水平在基本保障二氧化硫、氮氧化物、化学需氧量、氨氮等四项约束性指标减排的基础上，针对危害大、影响面广的雾霾、水污染和重金属污染等突出环境问题，重点开发推广一批急需的技术装备和产品，完善技术创新体系，提升创新能力，突破一批关键共性环保技术，推动先进成熟技术产业化应用和推广	目前我国环保形势严峻，而环保技术和装备跟不上需求，此次《实施方案》的发布对提升我国环保设备技术水平意义重大

（续）

出台日期	发布机构	政策名称	主要内容	政策导向
2014 年 6 月	环境保护部	《城镇污水处理厂运行监督管理技术规范》	规定了城镇污水处理厂运行管理的技术要求和运行效果的性能评估；适用于城镇污水处理厂的运行管理和监督检查；对污水处理厂如何运行管理进行了规范	加强城镇污水处理厂的运行管理，确保城镇污水处理厂稳定、达标排放
2014 年 6 月	环境保护部	《采油废水治理工程技术规范》	规定了采油废水治理工程设计、施工、验收和运行管理等的技术要求	为国内油田环境保护设施的建设、运行以及环境监督管理的标准化提供技术支撑，有利于油田企业保持绿色可持续发展
2014 年 4 月	全国人大常委会	新《环境保护法》	新的《环境保护法》变动很大，从条文结构上来看，由六章变为七章，由四十七条增至七十条；从实质内容上来看，针对现实问题在体制、制度、机制、标准等方面做了诸多创新；从效果上看，设立了极为严厉的环境管制措施和处罚措施	此次修订，因其创新范围广、变革力度大、措施严厉而被称为"史上最严环保法"。其严厉性主要体现在监管措施系统、监管手段强硬、行政处罚严厉、监督全面有力等方面
2014 年 3 月	国务院	《国家新型城镇化规划（2014—2020）》	市场机制方面，提出建立资源环境产权交易机制。发展环保市场，推行排污权、水权交易制度，建立吸引社会资本投入生态环境保护的市场化机制，推行环境污染第三方治理；监管制度方面，实行最严格的环境监管制度。完善污染物排放许可制，实行企事业单位污染物排放总量控制制度；污水处理目标方面，提出加强城镇污水处理及再生利用设施建设，推进雨污分流改造和污泥无害化处理	规划中明确提出到 2020 年，中国城市污水处理率达到 95%；同时因地制宜建设集中污水处理厂或分散型生态处理设施，使所有县城和重点镇具备污水处理能力，实现县城污水处理率达到 85%左右，重点镇达到 70%左右

数据来源：世经未来。

3.3.1　市场开放政策

中国处在计划经济向市场经济的转型期，特别是进入 21 世纪以来，对公共事业的改革出台了许多相关的部门政策。以鼓励外资、民间资本进入公共事业领域打破国有垄断的局面。2000 年建设部为指导和规范城市市政公用事业利用外资工作，扩大利用外资规模，提高利用外资水平，出台了《城市市政公用事业利用外资的规定》。从 2002 年开始，中央政府确立城市水也投资主体多元化的改革方向，国内外各种性质的企业开始进入城市污水处理行业。国家计委《关于促进和引导民间资本投资的若干意见》中明确指出：鼓励和引导民间投资参与供水、污水和垃圾处理、道路、桥梁等城市基础设施的建设。在《关于推进城市污水、垃圾处理产业化发展的决议案》中确立了产业化的发展方向，改革价格机制和管理体制，鼓励各类所有制经济积极参与投资和经营，逐步建立与社会主义市场经济体制相适应的投融资与运营管理体制，实现投资主体多元化、运营主体企业，运行管理市场化，形成开放式、竞争性的建设运营格局。在《关于加快项目前期工作、积极推进城市供水和污水处理产业化有关问题的通知》指出：进一步完善污水和垃圾处理收费办法，按照运行维护和投资保本微利的原则，逐步提高收费标准。在《关于加快市政公用行业市场化进程的意见》中明确指出：对供水、污水处理、垃圾处理等经营性市政公用事业的建设，采取公开向社会招标的形式选择经营单位，由政府授权特许经营。在《关于完善社会主义市场经济体制若干问题的决定》中明确指出要加快推进和完善垄断行业改革。对垄断行业要放宽市场准入、引进市场竞争机制，实行政企分开、政资分开、政事分开。

2015 年 1 月颁布的《污水处理费征收使用管理办法》政策鼓励各地区采取政府与社会资本合作、政府购买服务等多种形式，共同参与城镇排水与污水处理设施投资、建设和运营。逐步开放的污水处理行业，对于社会资本进入污水处理行业有极大的促进作用。

3.3.2　投融资政策

污水处理行业的投融资政策对污水处理收费有着直接的影响。因为投资的成本和融资的成本都将在很大程度上影响着污水处理总成本，从而影响污水处理收费的基础。中国长期以来对污水处理的投资是以国家拨款的形式进行投资，这样造成了投资的低效和腐败，而且投资主体和责任主体的长期缺位，也妨碍了政府投资决策的科学性和民主性。随着污水处理行业的开放，鼓励外资和民间资本投资污水处理业。在2004年国务院做出《关于投资体制改革的决定》中规定深化投资体制改革的目标是改革政府对企业投资的管理制度，按照"谁投资、谁决策、谁收益、谁承担风险"的原则，落实企业投资自主权；合理界定政府投资职能，提高投资决策的科学化、民主化水平，建立投资决策责任追究制度；进一步拓宽项目融资渠道，发展多种融资方式；培育规范的投资中介服务组织，加强行业自律，促进公平竞争；健全投资宏观调控体系，改进调控方式，完善调控手段；加快投资领域的立法进程；加强投资监管，维护规范的投资和建设市场秩序。通过深化改革和扩大开放，最终建立起市场引导投资、企业自主决策、银行独立审贷、融资方式多样、中介服务规范、宏观调控有效的新型投资体制。在该目标下，又对政府的审批权限、融资渠道的拓宽、政府投资的范围、政府如何在项目管理中引入市场机制等做了规定。这对民间资本进入污水处理行业改善污水处理投融资低效率具有重要的指导意义。在《关于加强城镇污水处理上运行监管的意见》中也明确要求污水处理厂的运营管理必须按照政事分开、政企分开的原则，明确城镇污水处理厂的运行单位的责权，是污水处理厂运营单位逐步成为产权明晰、独立核算、自主经营的经营实体。这进一步明确和坚定了污水处理运营单位的企业化方向。

2014年10月，国家发改委、工业和信息化部、科技部、财政部和环境保护部发布《重大环保技术装备与产品产业化工程实施方案》。方案提出，到2016年，环保技术装备水平在基本保障二氧化硫、氮氧化物、化学需氧量、氨氮等四项约束性指标减排的基础上，针对危害大、影响面广的雾霾、水污染和重金属污染等突出环境问题，重点开发推广一批急需的技术装备和产品，完善技术创新体系，提升创新能力，突破一批关键共性环保技术，推动先进成熟技术产业化应用和推广。

从行业层面上看：目前我国环保形势严峻，而环保技术和装备跟不上需求，此次《实施方案》的发布对提升我国环保设备技术水平意义重大，为我国环保技术装备和产品的发展和技术创新指出了方向。《实施方案》提出的目标是，我国环保装备制造业年均增速保持在 20％以上，到 2016 年实现环保装备工业生产总值 7 000 亿元，重大环保装备基本满足国内市场需求。

从银行层面来看：当前环保装备行业战略机遇期凸显，预计未来几年全行业增长率将超过 25％。在国家政策支持和市场需求双重作用下，环保装备制造业经济运行态势良好，将继续保持稳定的增长率和利润率。拥有核心技术装备的污水处理企业，未来竞争优势更加明显。所以在贷款方面风险较小，银行可密切关注拥有核心技术装备的污水处理企业。污水处理设施建设需求也将增加。这为治污企业的发展创造了契机，银行可以适当增加信贷。

3.3.3　收费政策

在中国污水处理费是水价的主要组成部分。中国的水价由水资源费、供水价格、水利工程供水价格和污水处理费（环境水价）组成。《中华人民共和国水污染防治法》规定，企事业单位向水体排放污染物的，按照国家的规定缴纳排污费；超过国家或者地方规定的污染物排放标准的，按照国家规定缴纳超标准排污费。城市污水集中处理设施按照国家规定向排污者提供处理的有偿服务，收入污水处理费，以保证污水集中处理设施的正常运行。城市污水集中处理设施的污水处理收费和管理以及使用的具体办法，由国务院规定。在 1998 年发布的《城市供水价格管理办法》中明确规定了污水处理计入城市供水价格；污水处理成本单独核算。1999 年《关于加大污水处理费的征收力度建立城市污水排放和集中处理良性运行机制的通知》中，就污水处理费计入水价问题做了进一步的要求，规定污水处理费的具体征收标准要按照处理设施的运行维护成本进行核定，并根据当地承受能力逐步增加，最终实现全成本收回。随后，几乎在所有相关的水价政策中都提出来要逐步提高污水处理费的要求。具体内容可见《关于加强城市供水节水和水污染防治工作的通知》、《关于进一步推进城市供水价格改革工作的通知》和《关于推进水价改革促进节约用水保护水资源的通知》等相关文件。

《水污染防治行动计划》（被称为"水十条"）已进入国务院审议的程序，并有望正式落地。"水十条"是继《大气污染防治行动计划》后，我国的又一项重大污染防治计划，预计主要包括六方面内容：全面控制污染物排放；专项整治造纸、印染、化工等重点行业；加快水价改革；完善污水处理费、排污费和水资源费等收费政策；健全税收政策；加大政府和社会投入；促进多元投资等。

2015 年 1 月，财政部、发改委和住建部联合发布了《污水处理费征收使用管理办法》。《办法》根据《水污染防治法》、《城镇排水与污水处理条例》（2014 年 1 月 1 日实施）制定。重点强调污水处理费的征收、使用和管理，按照"污染者付费"原则征收并专款专用。提出污水处理费征收应覆盖污泥处理费，同时，提出征收标准未达到覆盖污水处理设施正常运营和污泥处理处置成本并合理盈利水平的，应当逐步调整到位。《办法》从污水处理费的来源、征收管理以及拨付全流程各环节进行规范，促使城镇污水处理行业走上规范之路，助于缓解地方政府拖欠污水厂污水费现状，改善污水运营企业现金流量表，理顺污水处理费征收使用管理，利好污水和污泥治理企业。《办法》首次指出，政府通过购买服务方式向提供城镇排水与污水处理服务单位支付的服务费，应当覆盖合理服务成本以及合理收益。这一规定为各地区搭建了一个更为通畅的社会投融资平台，通过合理分担风险、实现权益融合，吸引社会资本参与到投资、建设和运营城镇排水与污水处理项目中。这给污水和污泥治理企业带来了发展机遇，银行可密切关注。

3.3.4　特许经营政策

特许经营政策是中国污水集中处理市场化改革进程中的非常重要的概念，对投资人以及负责具体实施的地方政府均至关重要。特许经营制度是指在城市污水处理等市政公用行业中，由政府授予企业在一定的时间和范围内对某项市政公用产品或服务进行经营的权利，及特许经营权。

2004 年 8 月，建设部发布了《关于加强城镇污水处理厂运行监管的意见》，文件中结合实际，认同和推荐了特许经营协议和委托经营协议两种模式。根据目前污水处理体制限制的分析来看，可以认为不发生资产变更关系的委托经营模式和与具有资产变更关系的特许经营模式，共同成为支撑污水处理业的主流模式。特许经营制度引入了市场竞争，是污水处理市场化的主要实现形式。特别是在招标程序中，将特许经营协议的核心内容作为招标的基本条件，综合考虑成本、价格经营方案、质量和服务承诺、特殊情况的紧急措施等因素，择优选择中标者。主要将污水处理价格和其他要素综合考虑的评标方式，更为科学合理。

3.3.5 监管政策

2005 年 9 月 10 日，《建设部关于加强市政公用事业监管的意见》（以下简称《意见》）发布，在市场化改革政府普遍逃避责任的环境下，该《意见》充分强调了市政公用事业特有的基础性、先导性、公用性和自然垄断性，首次明确强调市场机制的引入不能改变市政公用事业的公益性和政府的责任。并规定了市政公用事业监管的内容。《意见》强调了特许经营管理制度的完善是市政公用事业市场化改革的一项重要而进步的工作内容，并强调了特许经营项目的合同的重要性，要求将特许经营协议作为特许经营项目的重要的监管依据。并对准入监管的招标程序和评价标准做了较为详细的解释。对污水处理的价格改革和收费机制完善做出了区分，提出要"进行区域同行业成本比较和绩效评价"，为下一步的正在研究建立的成本监管评价体系提出了可行有效的研究和工作方向。

对长期从事建设管理的建设部门来说，针对污水处理厂的建设管理体系相对健全，而对污水处理厂运行的监管则相对薄弱。对污水处理厂监管的部门还有国家环保局，监管要素主要是出水水质。2002 年国家发布了《城镇污水处理厂污染物排放标准》（GB 18918—2002），提高了对城市污水的排放要求，对总氮和总磷的要求是污水处理的工艺的要求提高，同时对污泥处置的严格要求必然加大污水处理成本。而环保部门执法的日益增强已是大势所趋。2004 年 8 月 30 日，建设部专门发布《关于加强城镇污水处理厂运行监管的意见》是建设部对污水处理厂加强监管的一个主要文件，该文件不仅将污水处理厂作为监管对象，而且明确指出加强城镇污水处理厂建设和运行的监管是各级建设行政主管部门的重要职责。这对促进对方建设主管部门的角色转变十分及时和正确。该文件还明确了地方政府与污水处理厂运营管理单位的监管和被监管的关系，指出政府不直接参与污水处理厂的运行与作业的具体管理工作，这对转变长期以来建设部门的行业管理习惯意义重大。

从以上分析可以看出，除了污水处理定价目标和原则外，影响污水处理价格水平的最主要因素就是成本，以及影响成本的因素。还有就是行业政策因素，这直接决定着污水处理的价格水平和报酬率是否符合政策法规的要求。从供求关系看，中国现在的污水处理能力还不能满足污水处理的需要，污水处理厂的新建和扩建都需要大量的资金，污水处理价格上升是必然。

2014年4月，十二届全国人大常委会第八次会议审议通过了1989年《环境保护法》修订案。新的《环境保护法》变动很大，从条文结构上来看，由六章变为七章，由四十七条增至七十条；从实质内容上来看，针对现实问题在体制、制度、机制、标准等方面做了诸多创新；从效果上看，设立了极为严厉的环境管制措施和处罚措施。

作为环境保护领域的基础性、综合性法律，《环境保护法》的修改和贯彻实施，政府通过环境保护的相关法律法规手段倒逼企业增加环保投入，对于保护和改善环境，防治污染和其他环境公害，保障公众健康，推进生态文明建设，促进经济社会可持续发展，都具有十分重要的意义。

3.4 污水处理定价方法及比较分析

3.4.1 污水处理定价方法的分类

3.4.1.1 成本型定价

成本型定价方法的定价原则是污水处理费反映其污水处理成本，在污水处理成本测算的基础上，选择适当的费率结构进行费率设计。成本型定价法分为平均成本定价、边际成本定价法、完全成本定价法和投资成本回报率定价法四种。

1. 边际成本定价法

边际成本是指增加单位污水处理量所引起的总污水处理成本的增加

量。边际成本定价法是在市场需求曲线和厂商边际成本曲线给定的条件下，由两条曲线的交点来确定的价格方法。在竞争的市场上，由市场需求曲线和市场供给曲线形成的均衡价格就是厂商的边际成本。边际成本定价一方面保证了企业的利益，另一方面有保证了消费者能够获得低价，是符合帕累托最优条件的一种定价方法（沈大军等，2006）。

边际成本有两类，即短期边际成本和长期边际成本。短期边际成本处在不断变化中，如果按照其定价，则污水处理的价格将呈现明显的周期性波动，这在日常的污水处理费征收中不可能实现。在实际工作中经常考虑采用长期边际成本定价，其基本公式为（黄智晖等，2002）：

$$LRMC = SRMC_t + MCC_t = \Delta R_t \times \Delta Q_t^{-1} + RI_t \times \Delta Q_t^{-1}$$

$$(3-1)$$

式中：$LRMC$ 代表污水处理的长期边际成本；$SRMC$ 代表短期边际成本；MCC 代表边际容量成本；T 代表长期边际成本计算的年份；ΔR_t 代表 t 年运行成本的增长；ΔQ_t^{-1} 代表 t 年污水处理量的增长；RI_t 代表 t 年所需偿付的固定资产投资。

长期的边际成本定价关注将来扩容增加的成本，相当于为其他定价提供了一个更为确切的未来资本需求的估计。由于在计算平均增加成本和长期边际成本中，将来的折旧成本和利润起着十分重要的作用。

2. 平均成本定价

平均成本定价法是污水处理行业中常用的一种定价方法，其定价基础是平均成本的估计，为弥补运行费用而提供足够的收入。平均成本的估计主要依据历史统计资料，此外还要确定一个合理的利润率。该值一般取决于社会平均利润率，同时也受监管者或公众的偏好的影响。这种被社会认同的合理盈利称为公正报酬。其定价公式为：

$$P = \frac{C}{Q}(1+r) = \frac{F+V \times Q}{Q}(1+r) \qquad (3-2)$$

式中：C 代表全部成本，Q 代表污水处理量，r 代表公正报酬率，V 代表单位可变成本，F 代表固定成本。

公正的报酬率是管制机构制定的，一般要举行听证会。在现实中监管者可能会出于对某种目标的考虑而制定低于平均成本的价格，此时政府须给予补贴，以保证污水处理企业有足够的收入来弥补运行费用的不足。这里要说明的是，一些文献中提到的投资回报率定价，其实是平均成本定价形式的一种变形，其原理和评价成本定价一样，只是管制者对污水处理企业的价格管制，主要确定公正报酬率的范围。

3. 全成本定价法

全成本定价法也叫全成本核算法定价。从污水处理行业角度来讲，是指覆盖了污水处理服务全部成本的污水处理费定价方法，污水处理的全成本包括污水处理设施的建设、运行、维护管理成本，相应的税金和适当的收益（中国华禹水务投资产业基金筹备组，2007）。

污水处理服务成本＝污水收集成本＋污水净化成本＋税金＋合理收益

其中：污水收集成本指污水集中处理设施建设及维护费，主要为管网铺设及污水处理厂基础设施建设及维护。污水净化成本主要指污水处理的运营成本，包括电费、药剂费、大修理费、工作福利、管理费及其他费用等。税金指污水处理起来按照国家税法规定应该缴纳的各项税。合理的收益指污水处理企业从事生产经营应该获得的监管范围内的收益。

单位污水处理成本＝单位污水净化成本＋单位污水收集成本

则污水处理价格可以表示为：

$$P = \frac{C_1 + C_2 + r \times (K_1 + K_2)}{Q \times (1 + t_{税})} \qquad (3-3)$$

式中：P 代表污水处理价格；C_1 代表污水处理厂的净化成本；C_2 代表污水管网系统的收集成本；K_1 代表污水处理厂第 t 年代监管资本价值包括债务资本和权益资本；K_2 代表污水管网系统第 t 年代监管资本价值包括债务资本和权益资本；r 代表加权收益率，污水投资于污水处理行业所有资本要求的收益率的加权平均；Q 代表污水处理量，假设等于污水收集量；$t_{税}$ 代表加权平均税率。

4. 投资成本回报率定价法

投资成本回报率定价法，是指监管者不直接指定污水处理费的最终价格，而是根据投资成本基数和一定的投资回报率来控制价格构成中的利润的大小，从而实现对污水处理费间接控制的一种定价方法。监管者按照下面的公式确定污水处理费。

$$R = C + D + (B \times r) \qquad (3-4)$$

式中：R 代表企业收入；C 代表运营成本；D 代表固定资产折旧；r 代表投资成本回报率；B 代表投资成本回报率基数，即企业投资成本总额。

污水处理费的价格等于收入除以处理的污水量。在实际的工作中，企业的运营成本和折旧费一般容易确定，监管者对价格管制的难点是确定投资成本回报率 r 和投资成本基数 B，投资成本回报率问题是要找到一个合适的 r 值，使企业能获得正常的投资成本回报（任俊生，2002）。

3.4.1.2 激励型定价

根据新的自然垄断理论，在成本可加性基础上的自然垄断行业，政府可以放松监管，采用激励性管制，给予被监管企业提高内部效率的激励，从而降低监管成本，提高企业资源配置效率。根据激励性管制理论出发确定的定价方法有多种。在污水处理行业，采用的激励型定价方法主要有价格上限定价法和特性经营定价法。

1. 价格上限定价

价格上限定价法也叫最高限价法，是斯蒂芬·李特查尔德（Stephen. Littlechild）设计了一个最高限价管制模型。这个模型通常叫"$PXI+/- X$"模型，PXI 表示零售价格指数（Retail Price Index）即通货膨胀率，X 是由管制者确定的一定时期内生产效率变化的百分比。其原理是：企业必须以监管者确定标准提供服务，并且收取的费用不能高于监管者确定的价格上限。如果企业能以低于监管者假定的服务成本提供服务，就可以保留因效率改进而产生的利益。这些低成本在新的价格评审时将反映在较低的价格上限中，企业将超额完成的利润将返还给用户；与之相反，无法完成法定义务有可能降低企业的利润，这样不仅能够激励企业提高其运行效率，也能更好地保护用户利益。如果企业本期价格为 P_t，则下期管制价格 P_{t+1} 为：

$$P_{t+1} = p_t(1 + RPI - X) \qquad (3-5)$$

这个定价方法的最大好处是把管制价格和零售价格指数、生产效率联系起来。价格指数可以通过平均价格来确定，企业和管制者谈判的焦点是 X 值得选择，X 值在污水处理业主要受以下因素影响：

$$X \Rightarrow -p_0 - k + q \pm v \pm s \qquad (3-6)$$

式中，p_0 代表过去的突出业绩；k 代表未来的效率收益；q 代表质量标准；v 代表提供污水处理的安全性；s 代表提高服务水平。

2. 特许经营定价

特许经营定价法是政府通过拍卖的形式，让多家企业竞争污水处理的独家经营权（即特许经营权），在一定的服务质量要求下，由提供最低报价的企业取得特许经营权。采用这种定价方法，如果在投标阶段有比较充分的竞争，那么，价格有望达到平均成本水平，获得特许经营的企业也有可能得到正常的利润。中国污水处理行业走市场化产业化的道路，国家建设部对特许经营也做了相应的规定。特许经营项目可以采用 BOT、BOO、BLT、BTO、BT 和 TOT 等模式。不同特许经营模式下定价考虑的因素略有不同，其定价模型也有些差异。最具代表性的是 BOT 模式。基于风险共担的污水处理行业的特许经营定价模型为（韩明杰，2006）：

$$\begin{cases} NPV(p) = -\sum_{n=1}^{T_0} \dfrac{I_m}{(1+R_r)^n} + \sum_{n=T_0+1}^{T_1} \dfrac{Q_m \times (P - C_m) \times 365}{(1+R_t)} = 0 \\ st : P \leqslant P_a + P_c + P_s \end{cases}$$

$$(3-7)$$

式中，NPV 代表私人部门在污水处理 BOT 项目特许期内的财务净现值；T_0 代表污水处理 BOT 项目的建设期；T_1 代表污水处理 BOT 项目的运营期；n 代表污水处理 BOT 项目特许期中的第 n 年；I_m 代表污水处理 BOT 项目中第 n 年的风险投资成本；R_r 代表污水处理 BOT 项目中私人部门要求的风险投资收益率；Q_m 代表污水处理 BOT 项目中第 n 年的日进水量；P 代表污水处理 BOT 项目的特许价格；C_m 代表污水处理 BOT 项目中第 n 年的风险经营成本；P_c 代表居民能够接受的最高限价；P_a 代表污水处理行业的内部补贴额；P_s 代表政府的直接补贴额。

3.4.1.3　差别型定价

差别定价法，是指在相同生产条件下，同一质量的产品，对不同需求弹性的用户群实行不同的价格。政府在面对多种用户时，采用的差别收费方式。差别定价的原则是在以收支平衡为前提条件下，实现福利最大化，要求企业回收全部成本。与不受管制的垄断企业一样，污水处理企业的差别定价也与市场需求弹性的绝对值成反比，即需求弹性越小，价格偏离边际成本的程度越大。即不论是否存在管制，最优价格结构都相同。差别定价实际上使每种支出成本在尽可能大的范围内回收，既能保证企业的收支平衡，又能增加社会经济福利。

污水处理企业为工业企业、商业、行政事业和居民用户提供污水处理服务，可以根据其对环境污染程度和经济承受能力不同确定其不同标准的污水处理价格。

以上七种的定价方法是污水处理行业采用的主要定价方法。前6种都是关于价格水平的定价方法，差别定价是关于价格结构的定价方法。一些学者还提出了其他的定价方法，比如用户承受能力定价法，两部定价法，非线性定价法，企业自主定价法，基于循环经济的污水处理定价法等。每种定价方法所依据的理论不同和考虑到侧重点不同，也各有优缺点，在这里就不一一列举。

3.4.2　污水处理定价方法比较分析

边际成本定价是由法国"桥和路"学派主张的观点，他们认为所有的商品都应该按照边际成本定价，即需求曲线和供给曲线交点所对应的价格水平，从而社会福利达到最大化，对于由边际成本定价造成的亏损，建议由政府通过所得税、财产税和遗产税等来弥补。不管是从局部均衡分析还是从一般均衡分析，在理想的资源环境下（即信息是完全和市场是完全竞争的）边际成本定价都可以使资源配置达到最优。然而现实中这种理想的环境几乎是不存在，特别是在自然垄断行业。科斯在1994年对边际成本定价提出了质疑，他认为，对于边际成本递减的情况，如果把边际成本定价作为一般性政策，将会导致浪费无度，同时会产生再分配效应，在一些地方可能造成租税效应。所以在政策局限性的情况下，最优价格并不等于边际成本。还有边际成本定价到底是采用短期边际成本定价还是采用长期边际成本定价，在不同的学者有不同的观点，坚持以短期边际成本定价的观点认为，前期的固定资产投资属于沉没成本，不属于现期成本，不应该影响决策；坚持长期边际成本的观点认为，固定资本资产已经投资，就应该考虑如何收回投资成本，只有这些投资成本的收回，才能保证企业的可持续经营，否则，从长期看，企业不可能维持下去，而且也没有人愿意投资。长期边际成本定价法从规范的角度来讲，是最有效的定价方式，但是直接采用会导致企业亏损，而且还可能造成低收入者付不起污水处理费，造成社会的不公平，需要通过财政补贴修正，来协调效率和公平的问题。

由于边际成本定价的可能导致企业面临收不抵支的亏损问题，如果各种税收不能加以弥补，企业的财务稳定性就会受到威胁。要保持企业的稳定性，依靠内生价格机制来实现其的预算平衡，即收支平衡约束条件下的最大化问题。即平均成本定价，来保证企业的收支平衡。

平均成本定价一种主要的变形就是两部制定价，即价格中包括一部分与使用量无关的固定费用和与消费量有关的从量费用，固定费用用来弥补投资成本，从量费用用来弥补运行成本，从而实现企业的预算平衡，维持企业的财务稳定。但也正因为保证了企业的预算平衡，使企业不至于亏损，会导致企业缺乏提高生产效率的积极性，甚至通过增加成本来获得更多的收益。平均成本定价法一般不考虑社会福利，难以实现社会资源的优化配置和福利的最大化。在缺乏企业生产成本与市场需求的完全信息的情况下，平均成本定价将导致低效率。

投资回报率也是平均成本定价的一种变形。管制者可以控制利润，但不能直接控制价格水平，其定价原理和平均成本定价相同，只是考虑因素的重点不同。投资回报率法主要是要估算成本费用的基数以及如何确定一个合理的投资回报率，从总体而言，投资回报率方法保证了企业不会亏损，但是也几乎不存在管制对内部提高效率的刺激激励，同时，由于投资回报率的基数是企业所有的资本，这会导致企业通过增加资本投资来获得更多的利润，而企业如果过度地投资，将会增加生产成本，降低生产效率，这种效应被称为"A-J"效应。

完全成本定价法是从企业和社会资源的长远角度看是用户支付的平均水平的价格，对污水处理企业来说不用政府的补贴，对政府来说治理环境等的费用也全部由水用户来承担，有利于提高服务质量和减轻政府的财政负担，但是直接实行可能导致价格很高，用户无法承受，而且也使政府逃避了治理环境的责任，如果在监管不到位的情况下，可能导致治理环境的责任没办法真正地落实。全成本定价中的外部成本如何准确的计量也是一个难题。泰国普吉岛估算的外部成本为 0.5 美元/立方米，而全部供给成本为 0.58 美元/立方米。外部成本占全部成本水价的比例很高，几乎占一半。要实行全成本水价，需要经济很发达，居民和社会收入水平很高，才可以承受全部成本污水处理费。在中国短期内实行全成本污水处理费比较困难。

价格上限定价法把管制的价格和零售价格指数与生产效率结合起来，管制者在一定时期内控制了污水处理行业的上涨幅度，而不是直接控制利润水平，污水处理企业可以在给定最高限价的基础下，通过提高生产效率而获得更多的利润，同时该方法操作简单，不需要详细评估企业的固定资产、生产能力、销售额等变动情况，又规定了一个价格调整周期，有效地防止了许多不确定特许经营因素对价格和企业收益的影响。但如何确定一个合理的 X 值，对管制者提出了更高的要求。价格上限定价法引入了市场竞争机制，能够提高内部的效率，减轻政府的管理负担，但需要对各种风险因素全面考虑。差别定价虽然存在价格歧视，但可以增加社会福利，调动生产者的积极性。

特许经营定价是一种契约定价，政府在要求企业提供一定质量服务的前提下，将经营权转让给投标价格最低的企业，在拍卖的过程中引入竞争机制，这样有利于通过在拍卖的过程中实现管制价格的降低，并使投标的企业承诺优质的服务质量。这样的价格竞争使得价格和利润保持在一定的水平，但是经营权拍卖以后，获得经营权的企业就不再存在竞争的问题，如果经营期比较长，也存在不努力提高企业内部效率的问题。此外，还要注意在投标过程中的共谋问题。特许经营的前提是要在竞争阶段保持充分有效的竞争。污水处理行业定价方法各有优缺点见表 3-9。

通过以上的对比分析，可以看到每种定价方法都有优缺点。中国水处理行业快速发展也就短短的十几年。现在大部分城镇已经兴建了污水处理厂，并开始投入运行。中国污水处理一般定价都是基于企业申报成本定价，但具体定价方法不明确。在定价中考虑到政治和社会因素较多，所以污水处理的价格水平偏低，甚至不能维持污水处理企业的正常运行，需要政府的补贴。中国现在有 1 400 多座污水处理厂，虽然各地区社会经济发展水平、城市化、社会发展和自然环境状况情况不同，污水处理的价格水

表 3-9 污水处理定价方法的优缺点

类型	定价方法	优点	缺点
成本型定价法	平均成本定价法	(1) 不会使企业出现亏损 (2) 不允许企业获得超额利润	(1) 市场缺乏效率 (2) 不考虑社会福利
	边际成本定价法	(1) 资源最优配置的价格 (2) 最有效的	(1) 直接采用导致污水处理企业亏损 (2) 不公平,需修正
	完全成本定价法	(1) 不会使企业产生亏损 (2) 减轻了政府的负担 (3) 调动企业的积极性 (4) 真实的价格信号	(1) 用户短期承受能力有限 (2) 成本的准确核定困难
	投资成本回报率定价法	(1) 不会使企业出现亏损 (2) 不允许企业获得超额利润 (3) 刺激企业扩大资本投资	(1) 可产生"A-J"效应 (2) 缺乏提高内部效率的动力
激励型定价法	价格上限定价法	(1) 刺激企业通过降低成本获利 (2) 促使企业对生产要素进行优化组合和技术创新 (3) 有利于提高内部效率	(1) X的确定尚不完善 (2) 不确定条件下价格的权重难以确定
	特许经营定价法	(1) 竞标阶段引入竞争机制,价格可望达到平均成本使企业获得正常利润 (2) 有利于提高内部效率	(1) 需要以竞争充分,信息充分和进出自由为条件 (2) 若特许经营周期长,有些因素不可预见
差别定价法	拉姆塞定价法	(1) 可增加社会经济福利 (2) 满足各种用户的需求,为用户提供多种选择 (3) 调动生产者的积极性	价格歧视

平也不尽相同，可比性较差，但是同一区域内，不同的污水处理企业还是具有可比性的。因为在同一区域内，社会经济发展、自然环境和城市化水平基本相同，而且污水处理企业的处理工艺和流程也基本相同。可以对同一区域内相似的污水处理企业的投资成本、运行成本进行比较，通过比较竞争的方式让污水处理显示真实成本，并通过对污水处理企业的效率评价，来确定污水处理价格水平。

第四章 新疆城镇污水处理价格形成机制及政策演进

4.1 新疆污水处理行业发展历程

新疆污水处理业发展历程按照不同时期的特点，大致可分 3 个历史阶段。

1. 利用污水灌溉进行污水土地处理阶段（1950—1980 年）

这一时期的主要特点是通过污水灌溉，进行污水土地处理。新疆位于我国的西北边陲，属于干旱半干旱地区，水资源缺乏，使用城市生活污水和工业废水灌溉农田，可以缓解水资源紧张状况。新疆大多数城镇污水以生活污水为主，其成分大体可分为：①营养物质，包括氮、磷、钾和某些微量元素。②可生物降解的有机物。③固体悬浮物。④生物难以降解的人工合成有机物，致病微生物和病毒等。利用城市污水来灌溉不仅可以节约水资源，而且污水也是一种有机复合肥料，可以给农作物提供养分，节约肥料，并且能够增产增收。新疆典型的灌区有石河子污水灌溉区。1957年当时的建工部、农业部及卫生部等部门把污水灌溉列入了国家科研计划。鉴于污水灌溉的风险，1972 年，国家在石家庄召开了全国污水灌溉会议，提出了"积极慎重"的污灌方针，并制定了污水灌溉暂行水质标准，以应对污水灌溉的风险。1974 年成功召开了全国第四次污水灌溉会议，污水灌溉农田的面积增长很快。

2. 开始出现污水处理厂，人工处理与自然处理并行阶段（1981—2000 年）

由于污水灌溉的"污水"中含有农作物生长所需要的营养成分，可以减少农业生产中肥料的使用量，降低了农业生产的成本；提高粮食产量；降低了处理污水的费用，对农业的发展发挥着促进的作用。但是，在污水灌溉带来各种效益的同时，利用城市生活污水和工业废水进行农田灌溉会因为污水中的一些有毒有害物质不断累积在土壤中而造成土壤污染，农作物吸收了土壤中的有毒有害物质造成不同程度的粮食、蔬菜等污染，给农产品质量安全带来隐患。我国政府自 1980 年以后，确定了根据我国国情与各地区的自然和社会经济状况，实行人工处理与自然处理并行的技术政策。在这一时期开始出现了一些污水处理厂，建成投运的污水处理厂有新疆油田公司准东采油厂污水处理厂（投运时间 1991 年 3 月，设计处理能力 0.6 万立方米/日，平均处理水量 0.2 万立方米/日）、塔里木油田分公司矿区服务事业部（大二线污水处理厂）（投运时间 1992 年 7 月，设计处理能力 0.2 万立方米/日，平均处理水量 0.02 万立方米/日）、新疆鄯善县第二供排水公司（投运时间 1998 年 10 月，设计处理能力 1.2 万立方米/日，平均处理水量 0.2 万立方米/日）。这一时期的主要特点是在脏乱差的老城区建设污水收集管道，截留污水，整治改造城市黑臭河湖，改善城市环境。

3. 污水处理业高速发展时期（2001 年至今）

进入 21 世纪以来，国家全面加大了水污染治理力度。国家在政策和资金上大力支持污水处理厂建设。2001—2014 年，新疆全区新增加 66 座污水处理厂，详见表 4-1，使得新疆的污水处理进入高速发展时期，污水处理厂遍布了全疆各地区。从自治区人民政府《关于自治区"十二五"节能减排工作的实施意见》（新政发〔2012〕2 号）获悉，"十二五"期间自治区将加大城镇污水垃圾处理设施建设工程实施力度，加大城镇污水配套管网建设力度，推进重点建制镇污水处理厂建设，改造提升现有治理设施；深化工业废水处理，严格标准，限期达标排放；积极推进城镇污水处理厂污泥处理处置设施建设，推进城镇污水、工业废水资源化利用，提高污水处理水平，减少化学需氧量和氨氮排放量；加快城镇垃圾处理设施建设，强化垃圾渗滤液处置力度。力争到 2015 年，设市城市污水集中处理率达到 85%，生活垃圾无害化处理率达到 80%。

表 4 - 1　2014 年新疆城镇污水处理设施名单

序号	市（区、地、州）	项目名称	主体处理工艺	投运时间	设计处理能力（万立方米/日）	平均处理水量（万立方米/日）
1	乌鲁木齐市	米东污水处理厂	二级生化	2009 年 9 月	4	3.78
2	乌鲁木齐市	河西污水处理厂	氧化沟	2011 年 5 月	10	6.02
3	乌鲁木齐市	乌鲁木齐河东威立雅水务有限公司	活性污泥法	2009 年 10 月	40	28.06
4	乌鲁木齐市	乌鲁木齐水务集团污水处理公司	氧化沟	2003 年 8 月	7	4.37
5	乌鲁木齐市	乌鲁木齐市头屯河区西站污水处理厂	活性污泥法	2003 年 7 月	1.5	1.69
6	乌鲁木齐市	乌鲁木齐市雅玛里克山污水处理厂	二级生化	2003 年 5 月	5	0.42
7	乌鲁木齐市	乌鲁木齐市水磨沟区虹桥污水处理厂	活性污泥法	2002 年 11 月	3	0.85
8	乌鲁木齐市	乌鲁木齐八钢生活污水处理厂	SBR	2010 年 11 月	2.5	1.65
9	克拉玛依市	克拉玛依石化工业园污水处理厂	BAF 曝气生物滤池	2009 年 10 月	5	1.72
10	克拉玛依市	克拉玛依市独山子区生活污水处理厂	生物膜法	2001 年 4 月	3	1.14
11	克拉玛依市	克拉玛依市污水处理厂	氧化沟	2001 年 10 月	10	6.35
12	克拉玛依市	克拉玛依市建设局第二污水处理厂	BAF 曝气生物滤池	2012 年 10 月	5	3.39
13	吐鲁番地区	吐鲁番市万泉供排水公司	生化处理	2003 年 3 月	3	0.89
14	吐鲁番地区	新疆鄯善县第二供排水公司	生化处理	1998 年 10 月	1.2	0.02
15	吐鲁番地区	鄯善县第一给排水公司	生化处理	2010 年 12 月	1.6	0.37
16	哈密地区	哈密市污水处理厂	活性污泥法	2002 年 10 月	10	3.05
17	昌吉州	吉木萨尔县污水处理厂	BAF 曝气生物滤池	2009 年 7 月	1	0.99
18	昌吉州	呼图壁县丰泉污水处理厂	SBR	2008 年 9 月	2	0.71
19	昌吉州	阜康市污水处理厂	活性污泥法	2009 年 9 月	1.5	0.61
20	昌吉州	新疆油田公司准东采油厂污水处理厂	生物膜法	1991 年 3 月	0.6	0.2

（续）

序号	市（区、地、州）	项目名称	主体处理工艺	投运时间	设计处理能力（万立方米/日）	平均处理水量（万立方米/日）
21	昌吉州	昌吉排水有限责任公司	氧化沟	2001 年 11 月	10	3.6
22	昌吉州	玛纳斯县禹源排水有限公司	A/O	2012 年 8 月	1	1.15
23	昌吉州	奇台污水处理厂	卡鲁塞尔氧化沟	2013 年 9 月	2.5	0.98
24	博尔塔拉州	博乐市自来水公司污水处理厂	活性污泥法	2006 年 5 月	1.5	1
25	博尔塔拉州	温泉县供排水有限责任公司	生化处理	2002 年 9 月	0.5	0.48
26	巴音郭楞州	焉耆县污水处理厂	A/O	2009 年 7 月	1	0.87
27	巴音郭楞州	塔里木油田分公司矿区服务事业部（大二线污水）	生物膜法	1992 年 7 月	0.2	0.02
28	巴音郭楞州	轮台县市政管理处生活污水处理厂	卡鲁塞尔氧化沟	2008 年 7 月	0.5	0.36
29	巴音郭楞州	库尔勒净美排水有限责任公司	生化处理	2002 年 5 月	15	1.46
30	巴音郭楞州	库尔勒金城洁净排水有限责任公司	生化处理	2001 年 9 月	5	3.6
31	巴音郭楞州	博湖县城镇生活污水处理厂	氧化沟	2009 年 11 月	0.35	0.15
32	巴音郭楞州	和硕县城镇生活污水处理厂	卡鲁塞尔氧化沟	2013 年 7 月	0.36	0.33
33	巴音郭楞州	尉犁县城镇生活污水处理厂	生化处理	2013 年 10 月	0.7	0.29
34	阿克苏地区	新和县污水处理厂	卡鲁塞尔氧化沟	2009 年 10 月	0.5	0.33
35	阿克苏地区	新疆阿克苏市供排水公司污水处理厂	SBR	2001 年 7 月	6	5.87
36	阿克苏地区	库车城市建设投资集团有限公司供排水分公司	活性污泥法	2013 年 11 月	5.5	2.64
37	阿克苏地区	乌什县供排水有限责任公司	生化处理	2006 年 11 月	0.45	0.3
38	阿克苏地区	阿瓦提县建新供排水有限责任公司	生化处理	2004 年 9 月	0.5	0.37
39	阿克苏地区	柯坪县供排水公司	生化处理	2009 年 7 月	0.24	0.14
40	阿克苏地区	沙雅县污水处理厂	A/O	2011 年 7 月	2	1.57
41	阿克苏地区	沙雅县污水处理厂（土地深度利用）	A/O	2011 年 7 月	2	0.97

（续）

序号	市（区、地、州）	项目名称	主体处理工艺	投运时间	设计处理能力（万立方米/日）	平均处理水量（万立方米/日）
42	阿克苏地区	柯坪县供排水公司	生化处理	2013 年 1 月	0.24	0.16
43	阿克苏地区	拜城县污水处理厂	BAF 曝气生物滤池	2013 年 12 月	2	0.24
44	克孜勒苏州	阿合奇县排水改扩建工程	生化处理	2012 年 7 月	0.45	0.07
45	克孜勒苏州	阿克陶县排水改扩建工程	生化处理	2012 年 12 月	0.96	0.19
46	克孜勒苏州	阿图什市中心城区污水处理厂	生化处理	2013 年 10 月	2	0.26
47	克孜勒苏州	乌恰县污水处理厂扩建工程	生化处理	2013 年 10 月	1.25	0.72
48	喀什地区	wushu	A/O	2010 年 6 月	8	6.3
49	喀什地区	莎车县供排水公司污水处理厂	生化处理	2006 年 12 月	2	1.1
50	和田地区	和田市给排水公司	生化处理	2001 年 6 月	1.2	0.72
51	伊犁州	伊宁市联创城市建设（集团）排水公司（西区）	SBR	2007 年 9 月	5	2.21
52	伊犁州	伊宁市联创城市建设（集团）排水公司（东区）	氧化沟	2004 年 9 月	8	3.9
53	伊犁州	特克斯县供排水公司污水处理厂	生化处理	2006 年 11 月	0.6	0.15
54	伊犁州	新源县排水改扩建污水处理厂	CASS	2014 年 7 月	1	0.28
55	塔城地区	塔城市排水管理处	活性污泥法	2004 年 5 月	2	1.08
56	塔城地区	乌苏市污水处理厂	A/O	2003 年 11 月	3	1.53
57	塔城地区	额敏县自来水公司	生化处理	2008 年 11 月	1.3	0.8
58	塔城地区	新疆裕民县自来水公司	生化处理	2006 年 8 月	0.3	0.13
59	塔城地区	和布克塞尔蒙古自治县供排水管理站	生化处理	2010 年 7 月	0.25	0.25
60	阿勒泰地区	阿勒泰市污水净化管理所	SBR	2002 年 12 月	3	1.57
61	阿勒泰地区	富蕴县富宏排水有限公司	生化处理	2011 年 9 月	0.6	0.24
62	农一师	阿拉尔供排水有责任公司	奥贝尔氧化沟	2010 年 9 月	2	0.89
63	农六师	五家渠市城镇污水处理厂	卡鲁塞尔氧化沟	2012 年 11 月	3	1.6
64	农六师	五家渠东工业园区污水处理厂	卡鲁塞尔氧化沟	2013 年 11 月	4.5	0.8
65	农八师	新疆石河子市污水处理厂（一期、二期）	A/O	2005 年 8 月	20	10.89

（续）

序号	市（区、地、州）	项目名称	主体处理工艺	投运时间	设计处理能力（万立方米/日）	平均处理水量（万立方米/日）
66	农八师	石河子拓北建设投资有限责任公司（新材料园区污水处理厂）	A/O	2013 年 1 月	3	2.31
67	农八师	新疆德蓝股份有限公司污水处理厂	A/O	2010 年 12 月	1	0.17
68	农十师	农十师北屯污水净化厂	卡鲁塞尔氧化沟	2007 年 9 月	2.5	1.56
69	农十三师	农十三师工业园区污水处理厂一期	MSBR	2014 年 6 月	0.5	0.35

4.2 污水处理政府定价改革的必要性

污水处理行业具有显著的区域自然垄断性、资本密集性、资本沉淀性、公益性和产品不直接面对客户等特征，决定了污水处理行业必须由政府定价。

首先，政府定价保证污水处理企业的利益。居民和企业用水，造成水污染，污水处理企业对污水进行处理，改善水环境，这对社会和人类都是有利的。然而进行污水处理是要花费巨大财力物力的。这除了政府投资以外，也需要民间的投资，而这些投资是要回报的。为了保证污水处理企业正常运转和合理的投资回报率，需要政府对污水处理收费进行管制。利用政府的强制力保证污水处理费的征收，保证污水处理企业收入的来源，这样才能保证污水处理企业的正常运行和技术创新，调动污水处理企业的积极性。

其次，保护消费者利益。从污水处理为居民和企业提供用水服务的一种延伸看，居民和企业每天都要用水，既是水污染的制造者，同时又是污水处理服务的受益者。用水户既然享受了污水处理服务，其支付相应的费用也是应当的。顺应这一要求，污水处理企业提供了服务，得到补偿也是应当的。但是由于污水处理行业的自然垄断的特性，污水处理企业可能制定高的污水处理价格，获得垄断利润，而危害消费者的利益。因此政府要进行价格管制，防止污水处理企业获得垄断利润，保护消费者利益。

第三，污水处理政府定价增加水环境正外部性。政府通过污水处理收费，不仅能使居民和企业意识到自己是水环境的保护者，和其经济利益直接挂钩，迫使居民和企业节约用水，减少污水排放量，减缓城市用水的压力，为政府污水处理行业投资建设提供了新的融资渠道；污水处理企业向居民和企业收费，就应承担污水处理的责任，这包括经处理的污水达标排放，控制污水处理成本，保证污水处理服务质量等。由此可见，基于政府定价而形成的制约机制，能够促使污水处理进入良性循环，既能保证污水处理企业运营的稳定性和持续性，又能促进良好水环境的建设。而良好水环境的建设正是政府的责任。

第四，实行污水处理政府定价是污水处理产业化和市场化的客观需要。污水处理行业是防治水环境污染和改善生态生活环境的物质技术基础。因为人类的生活和生产离不开水，但用水就会对环境造成污染，没有污水处理行业的发展，实现水环境保护目标几乎是不可能的。在计划经济时期污水处理厂建设由政府全额投资国家经营，然而随着中国城市化进程和人口增长，国家财政投资已经不能满足城市产生污水处理需要，资金短缺已成为严重制约污水处理厂建设和运行的首要问题。许多水污染严重地区尚未建立污水处理厂，已建成的不少污水处理企业也因为缺少资金而不能维持运行，处于关闭或半关闭状态。要解决资金短缺问题，政府应当开辟多元化的融资渠道。同时，污水处理企业也有经济活动的一般属性，即污水处理企业可以多元化投资实行企业化经营。污水处理企业应以获取适当的利润为其生存和发展的必要条件，积极主动地参与投资和运营，为此政府应尽快将其污水处理服务推向市场，实行有偿服务，向居民和企业收取合理费用，以保证污水处理厂的正常运转，提高城市污水处理能力。

4.3　新疆城镇污水处理价格政策的演变

新疆维吾尔自治区经历了污水排放免费，对企事业单位和个体经营者征收排水设施使用费、向排放污水的单位和个人征收污水处理费，并从行政事业性收费改革为公用事业价格的几个发展阶段。

1. 征收排水设施使用费阶段

从 1993 年 7 月起至 1999 年 10 月征收排水设施使用费，该项收费按行政事业性收费进行管理。为保证城市排水设施正常运行，加快城市排水事业发展，原国家物价局、财政部于 1993 年 4 月 23 日联合发出《关于征收城市排水设施使用费的通知》（价费字〔1993〕181 号），规定自 1993 年 7 月 1 日起，凡直接或间接向城市排水设施排放污水的企事业单位和个体经营者，应按规定向城市建设行政主管部门缴纳城市排水设施使用费，对大、中、小学校（不含校办工厂）、职业学校、幼儿园、托儿所、敬老院等社会公共福利事业单位和城市居民暂不征收城市排水设施使用费；城市排水设施使用费具体征收标准，由省级城市建设行政主管部门提出意见，经同级价格主管部门和财政部门核定。新疆维吾尔自治区从此改变了过去免费排放污水的状况，部分经济发展速度较快的城市，逐步开征每立方米 0.1 元左右的排水设施使用费，工业和商业的排水收费曾经按自来水价格的 20％计收，其他用水的排水收费按自来水价格的 30％计收。

2. 污水处理费按行政事业性收费管理阶段

从 1999 年 11 月起至 2002 年 12 月止，这一时期的污水处理费属于行政事业性收费。按照国家有关价格政策要求和《新疆维吾尔自治区行政事业性收费管理条例》规定，新疆维吾尔自治区从 1999 年 11 月 1 日起建立污水处理收费制度，凡向市政排水设施排放污水的单位和个人都要缴交污水处理费，具体标准由地级以上市人民政府在每立方米排水量收取 0.15～0.3 元的范围内确定。收费收入由当地政府财政部门实行"收支两条线"管理，也就是将污水处理费并入自来水价格，由自来水企业在收取供水水费时一并征收后，交付给当地政府财政部门设立的专项账户，污水处理设施建设投入或正常运营所需费用，由当地政府财政部门从专项账户中核拨。

3. 污水处理费向公用事业价格改革阶段

从 2013 年 1 月起，新疆维吾尔自治区推动污水处理费从行政事业性收费向公用事业价格进行改革，将污水处理费改为公用事业定价管理，授权各市、县实行政府定价，并列入定价听证目录。新疆维吾尔自治区物价局关于乌鲁木齐市城市供水价格、污水处理费、垃圾处理费定价权（乌政发〔2002〕13 号）的复函指出：乌鲁木齐市城市供水价格、污水处理费、垃圾处理费的定价权授予乌鲁木齐市人民政府。市政府在制定上述三项城市公用事业价格时，应充分考虑消费者的经济承受能力等因素，认真做好调定价工作。调定价前应按照《中华人民共和国价格法》第二十三条规定和国家发展计划委员会第 10 号令《政府价格决策听证暂行办法》有关规定，精心组织价格决策听证，广泛听取各有关方面的意见，以疏导、协调或解决相关矛盾。有关调价文件应向自治区计委备案。

4.4 新疆城镇推进污水处理费改革的主要措施

4.4.1 全面开征并实行最低收费标准

1. 实行污水处理最低收费标准

污水处理费一般由自来水公司代收，但一些单位和群众长期形成了排水不交费的观念，导致污水处理费的收取十分困难。自治区将逐步提高城市污水处理等市政设施收费标准，保证城市基础设施正常运行，全面推动城市污水处理产业化。根据国务院 2007 年 5 月印发节能减排综合性工作方案，明确要求各城市"全面开征城市污水处理费并提高收费标准，吨水平均收费标准原则上不低于 0.8 元"。新疆维吾尔自治区人民政府在转发国务院相关文件时进一步提出：到"十一五"期末，所有城市含县城要将污水处理费标准调整到合理盈利水平。为了切实加快污水处理收费改革进程，合理补偿污水处理设施运营支出和企业获得投资回报，确保国务院下达给新疆维吾尔自治区"十一五"主要污染物总量减排任务如期完成，自治区采取强有力措施推进污水处理收费改革。2010 年全疆有 21 个城市开征了污水处理费，污水集中处理率达 61.02%。

2. 建立污水处理收费改革目标责任制

建立污水处理收费改革目标责任制，各地要认真贯彻落实《关于推进自治区水价综合改革实施意见的通知》（新政办发〔2012〕129 号）要求，已开征污水处理费的，要加大污水处理费的征收力度，特别是要加大企业自备水源污水处理费的征收力度。在确保城镇污水处理设施运行费用的同时，要积极探索城镇污水设施运行的长效管理机制，合理确定单位处理成本，按量和质核拨运行经费。

3. 加强情况通报和检查考核

实施自治区城镇污水处理设施及费用征收情况的季度和年度通报制度，加强检查考核。

4.4.2　合理调整污水处理收费标准

全面深入贯彻十八届三中全会精神，落实国务院《城镇排水与污水处理条例》等规定，按照《关于制定和调整污水处理收费标准等有关问题的通知》（发改价格〔2015〕119号）的要求，综合考虑城市污水处理设施建设项目投资规模、当地经济发展水平、水污染防治形势、居民的承受能力和污水处理率，保证收费标准能够补偿污水处理和污泥处置设施的运营成本并合理盈利。今后调整城市供水价格时要优先调整污水处理费标准，要加大污水处理费的征收力度，特别要加大城市排污管网覆盖范围内自备水源单位的污水处理费征收力度，实现2016年底前将全区污水处理费调整和执行到位并合理盈利，未征收污水处理费的市、县和重点建制镇，最迟应于2015年底前开征，在3年内建成污水处理厂并投入运行。

1. 合理制定和调整收费标准

污水处理收费标准应按照"污染付费、公平负担、补偿成本、合理盈利"的原则，综合考虑本地区水污染防治形势和经济社会承受能力等因素制定和调整。收费标准要补偿污水处理和污泥处置设施的运营成本并合理盈利。新疆设市城市污水处理收费标准原则上应调整至居民不低于0.95元/立方米，非居民不低于1.4元/立方米；县城、重点建制镇原则上应调整至居民不低于0.85元/立方米，非居民不低于1.2元/立方米。已达到最低征收标准但尚未补偿成本并合理盈利的，应当结合水污染防治工艺的改进进一步提高污水处理收费标准。各地具体征收标准可结合当地经济发展水平、水资源状况、污水处理成本、居民承受能力等实际情况确定。

2. 与阶梯水价制度的实施统筹安排

各地调整污水处理收费标准，应与制定城镇居民阶梯水价制度和城市供水价格调整统筹协调进行，做好衔接工作，有序推进。要依法履行污水处理企业成本监审、专家论证、集体审议等定价程序，与居民阶梯水价合并执行的，还应履行价格听证程序，确保政府制定污水处理收费标准的科学性、公正性和透明度，广泛接受社会监督。

3. 加大污水处理费收缴力度

对排水量明显低于用水量且排水口已经安装自动在线监测设施等计量装置的火力发电、钢铁等少数企业用户，经城镇排水与污水处理主管部门（以下简称"排水主管部门"）认定并公示后，按实际排水量计征；未安装自动在线监测设施等计量装置的，按用水量计征。要重点加强自备水源用户污水处理费的征缴，对取水设施已安装计量装置的自备水源用户，其用水量按照计量值计算；对未安装计量装置的用户，其用水量按照取水设施额定流量每日运转 24 小时计算。自备水源污水处理费由排水主管部门或其委托的单位负责征收。

4. 实行差别化收费政策

一是各地在现行城市公共供水价格分类简化为居民生活用水、非居民生活用水、特种用水和其他用水四类的基础上，相应制定差别化污水处理收费。二是各地可结合水污染防治形势和当地经济社会发展水平，对企业排放污水符合国家或地方规定标准的，执行正常的企业污水处理收费标准。对企业排放污水超过国家或地方规定标准的，依据有关法律法规进行处罚，并对超标排放的污水实行更高的收费标准。三是各地可根据超标排放污水中主要污染物排放情况，制定差别化的收费标准。四是各地可结合本地重点工业园区发展情况，单独制定工业园区的污水处理收费标准。

5. 鼓励社会资本投入

各地应充分发挥价格杠杆作用，合理调整污水处理收费标准，形成合理预期，吸引更多社会资本通过特许经营、政府购买服务、股权合作等方式，积极参与污水处理设施的投资建设和运营服务，提高污水处理能力和运营效率。政府应严格按照运营维护合同约定，及时足额拨付污水处理运营服务费用，确保收取的污水处理费专项用于城镇污水处理设施建设、运行和污泥处理处置。鼓励工业园区（开发区）内污水处理单位与污水排放企业协商确定污水处理收费，提高污水处理市场化程度和处理效率。

6. 加大政府投入

各地要将加快城镇污水处理设施建设作为公用事业的重要内容，加强对城镇污水处理设施建设资金方面的投入，进一步改善城镇污水管网改造，从设计、施工等源头上将排水管网建设与雨水管道建设分开，加快雨污分流改造工程，实现雨水和污水分流，提高污水收集率和处理率，保证污水收集能力和处理能力同步发展，切实加大投入力度。

7. 积极做好低收入保障工作

各地在调整污水处理收费标准时，要充分考虑低收入家庭的承受能力。对低收入家庭采取提高补贴标准或实行污水处理费减免等方式，确保其基本生活水平不因调整污水处理收费标准而降低。

4.4.3 新疆城镇污水处理收费情况

1. 新疆城镇污水处理收费状况

由于城镇供水分类较多，如有居民生活用水、工业用水、商业、服务业用水、绿化、环卫、消防用水、基建用水、特殊用水，以及各地区各类别污水处理价格有的地区不一样有的地区统一一样，如石河子居民生活、行政事业用水 0.3 元/立方米，工业、商业用水 0.6 元/立方米，特殊用水 1 元/立方米，而乌鲁木齐所有有水 0.5 元/立方米，大多数地方基建用水不收取污水处理费。为了便于估算污水处理费用，本文选取污水处理价格较低的居民生活用水污水处理费作为计算标准，按照全区 2014 年底统计的 69 座污水处理厂计算的污水处理费用总额约为 23 640.028 万元，实际费用高于该数据。

表 4 - 2　2014 年新疆城镇污水处理收费总体状况

市 （区、地、州）	平均处理水量 （万立方米/日）	运行 天数	价格 （元/立方米）	污水处理费 （万元）
乌鲁木齐市	46.84	365	0.5	8 548.3
克拉玛依市	12.6	365	0.2	919.8
吐鲁番地区	1.28	365	0.85	397.12
哈密地区	3.05	365	0.8	890.6
昌吉州	8.24	365	0.75	2 255.7

（续）

市 （区、地、州）	平均处理水量 （万立方米/日）	运行 天数	价格 （元/立方米）	污水处理费 （万元）
博尔塔拉州	1.48	365	0.79	426.758
巴音郭楞州	7.08	365	0.12	310.104
阿克苏地区	12.59	365	0.56	2 573.396
克孜勒苏州	1.24	365	0.4	181.04
喀什地区	7.4	365	0.4	1 080.4
和田地区	0.72	365	0.35	91.98
伊犁州	6.54	365	0.4	954.84
塔城地区	3.79	365	0.7	968.345
阿勒泰地区	1.81	365	1	660.65
农一师	0.89	365	0.8	259.88
农六师	2.4	365	0.8	700.8
农八师	13.37	365	0.3	1 464.015
农十师	1.56	365	1.5	854.1
农十三师	0.35	365	0.8	102.2

注：该表根据各地区公开的污水价格统计核算。

目前自治区各市县污水处理价格倒挂现象非常严重。以乌鲁木齐市为例，一是现执行的污水处理费为 0.5 元/立方米，污水处理厂处理污水的直接成本约为 1.8 元/立方米；二是初步测试，全市每年征收的污水处理费约为 0.8 亿元，但市政府用于补助污水处理的经费却高达 3 亿元。

2. 新的收费模式：奎屯市将在全疆首次实现污水处理按浓度收费

从 2014 年 6 月开始，奎屯—独山子经济技术开发区南区污水处理厂将率先在全疆范围内启用国内领先的按浓度收费模式。地处奎屯的南区污水处理厂，是新疆国清环境科技发展有限公司投资兴建的首个项目，污水处理厂计划总投资 6 亿元，预计 2014 年 6 月项目一期投入运营。新疆国清环境科技发展有限公司注册资金 1 亿元，持股 70% 的清华控股集团利用清华大学环境综合治理领域的技术优势和管理优势，为新疆污水处理引进了以浓度定价的收费模式，当地政府给予了政策支持。

按照新的收费模式，对于符合国家或行业排放标准的污水，污水处理厂将按照入网基准价收费；对于污染因子浓度超标但尚在污水处理厂接收范围内的污水，污水处理厂将根据不同污染因子的不同浓度相对应的水价，综合收取附加费；对于超出附加收费标准浓度的污水，污水处理厂则会关闭进水闸门拒绝接收。

据了解，传统污水处理通常固定单价，新的收费模式则根据所处理污水中特征污染因子的种类和浓度核定当天污水处理的单价。与传统模式比，新的收费模式不仅推动了企业从源头减排，更好地实现了企业的清洁生产，而且对整个工业园区的污水处理而言，实现了环境效益、社会效益、经济效益的最大化。目前，国内只有长三角、珠三角等发达地区的部分污水处理厂采用此类收费模式。

第五章 新疆城镇污水处理费形成机制的问题及原因

5.1 新疆城镇污水处理费形成机制的问题

5.1.1 污水处理价格形成机制不规范

规范的污水处理价格形成机制，是科学确定污水处理收费价格合理标准的重要保证。污水处理价格的制定是政府、污水处理企业和水用户三方博弈的结果，能够使博弈三方都满意，必须以信息完整及时、准确以及程序科学合理为基础，即要有明确的价格形成机制。然而当前新疆并没有明确的价格形成机制，只有指导原则，强调污水处理要按照"污染付费、公平负担、补偿成本、合理盈利"的原则进行污水处理收费价格的确定。但是在现实中，如何按照此原则进行科学合理的污水处理价格的制定，没有详细的规范性文件，也没有具体的定价公式和定价标准，只是明确污水处理的价格标准为合理的定价成本、合理的利润和税金，在具体操作中具有一定灵活性，难以形成有效的成本约束机制和成本显示机制。

价格管理部门在制定污水处理价格标准时基本上是以污水处理企业申报的成本和主管部门提出的价格调整方案为依据。但是成本以污水处理企业上报的成本为标准，可能存在企业为了自身的利益虚报成本的现象。成本监督和审计只是由审计部门出具的财务审计报告，并不能反映污水处理企业的经营管理效率，不能促进污水处理提高内部管理效率和降低污水处理成本的积极性。没有专门的污水处理企业的相关的财务制度规定污水处理企业应该如何核实污水处理成本，没有规范的污水处理企业成本显现机制，没有完整的及时的污水处理价格信息，没有完整的污水处理定价机制。这些都会造成政府在制定污水处理价格时产生偏差，污水处理企业提高内部管理效率的积极性不高，也会造成用户因对污水处理成本信息不了解而产生不满意。

目前新疆维吾尔自治区的污水处理定价方法仍然是按照政府主导的办法来制定的。即在污水处理定价过程中，污水价格调整需要举行听证会，把污水处理的价格和自来水的价格结合起来，实行收支两条线管理。然而具体如何来确定污水处理定价，以及采用什么方式来具体为污水处理价格寻价，目前还没有一套科学的方法。在实际的运行过程中，污水处理定价由于没有具体的寻价机制和方法，也遇到了很多的困难。2002 年针对于一些具体的问题，自治区人民政府提出了《关于请求授予乌鲁木齐市自来水价格、污水处理费、垃圾处理费定价权的请示》，在新疆维吾尔自治区物价局给出的复函中提到"乌鲁木齐市城市供水价格、污水处理费、垃圾处理费的定价权授予乌鲁木齐市人民政府"。市政府在制定上述三项城市公用事业价格时，应充分考虑消费者的经济承受能力等方面因素，认真做好调定价工作。调定价前应按照《中华人民共和国价格法》第二十三条规定和国家发展计划委员会第 10 号令《政府价格决策听证暂行办法》有关规定，精心组织价格决策听证，广泛听取各有关方面的意见，以疏导、协调或解决相关矛盾。有关调价文件应向自治区计委备案。这说明在国家没有具体的寻价办法的情况下，新疆维吾尔自治区也没有提供具体的文件来规范污水处理价格，只是简单地要求有关部门在为污水处理价格寻价过程中要考虑消费者的经济承受能力，以及按《中华人民共和国价格法》、《政府价格决策听证暂行办法》来执行，并没有专门针对污水处理费用做出具体的规范。另外，在原则性规范中，把污水处理的价格和自来水的价格结合起来，实行收支两条线管理，这也是新疆维吾尔自治区污水处理寻价中不完善的一个重要性环节。因为新疆地区水资源比较缺乏，而自来水定价相对较低，这样就会造成污水处理收费过低，使得污水处理企业不能得到快速的发展，只能依靠政府财政补贴等来维持。在污水处理企业生存都困难的情况下，污水处理能力更有待考验，进而加剧了水资源的污染。所以，对于水资源稀缺的新疆而言，急需科学合理的污水处理定价方法来为污水处理寻价。

　　在具体定价方法上，自治区价格管理部门主要是按照污水处理企业申报的成本和主管部门提出的调价方案为依据，以形成合理的定价成本、利润和税金。在具体执行时大部分地区实行单一的污水处理价格，而没有形成由于个别企业污水处理成本的差异而体现污水处理收费的差异。

5.1.2　污水处理价格水平达不到成本回收要求

　　目前，新疆污水处理费用定价机制的一个突出的问题是污水处理价格水平达不到成本回收要求。我国制定污水处理收费政策是按照"污染付费、公平负担、补偿成本、合理盈利"的原则，综合考虑本地区水污染防治形势和经济社会承受能力等因素制定和调整。收费标准要补偿污水处理和污泥处置设施的运营成本并合理盈利。但是，实际情况并非如此，污水处理收费的价格水平还远远没有达到成本收回的要求，更谈不上合理的收益。2015年国家发改委、财政部和住建部联合下发《关于制定和调整污水处理收费标准等有关问题的通知》（发改价格［2015］119号）中明确指出：2016年底前，设市城市污水处理收费标准原则上每吨应调整至居民不低于0.95元，非居民不低于1.4元；县城、重点建制镇原则上每吨应调整至居民不低于0.85元，非居民不低于1.2元。2015年新疆污水处理平均收费标准为每立方米0.6元，乌鲁木齐的污水处理费为每立方米0.5元，而污水处理成本为每立方米1.8元，离国家要求的标准有很大差距，而且也达不到收回污水处理成本的要求。乌鲁木齐市每年征收的污水处理费约为0.8亿元，但市政府用于补助污水处理的经费却高达3亿元。

　　根据对昌吉市第二污水处理厂在2013年的一项调查发现，该污水处理厂总投资1.58亿元，根据投资规模，每天处理的污水量可以达到10万立方米，但是实际每天处理的污水只有3万立方米，污水处理符合率只有30%。该厂负责人表示，目前污水定价机制主要是根据国家规定的"保本微利"的原则在执行，实行污水处理费用和自来水的价格绑定，1立方米的污水处理费用仅仅收取0.8元。但是，根据对固定投资的还贷、设备折旧、工人工资、生产成本等各项费用汇总，发现该厂1立方米的污水处理成本为2.05元，远远超过了污水处理收取的费用。该厂一年中至少有7

个月的污水处理量为每天 3 万立方米，每天回收的污水处理费用为 2.4 万元。处理 1 立方米污水亏本 1.25 元，在保证企业污水处理达到国家标准，且使得企业正常运营的情况下，该厂每天亏损达到 3 万元[①]。其中污水处理费用的回收达不到成本回收要求的一个重要原因是很多污水处理设备闲置。该调查进一步研究了污水处理符合率与成本回收的关系，其中自治区住房和城乡建设厅城建处负责人表示，"污水处理符合率在 100％时运行成本保持在 0.7～0.8 元。"

根据以上数据可以表明，目前"保本微利"的污水处理价格机制主要是在污水处理厂企业全负荷运转的情况下坚持的一种原则，而现实情况是污水处理投资设备由于维修，污水排放量每天的上下波动等原因致使污水处理企业无法满负荷运转，这就造成了企业污水处理收费无法弥补污水回收成本的要求。

新疆把污水处理的价格和自来水的价格结合起来，实行收支两条线管理。这对于新疆的污水处理价格形成一种劣势，因为新疆自来水价格低于全国的平均水平，2014 年乌鲁木齐居民生活用水 1 立方米的价格为 2.6 元，工业用水的价格为 1 立方米 2.22 元。[②] 这个价格水平比全国的类似城市的平均水平明显偏低。根据自治区发改委提供的数据，全国 36 个大中城市平均每立方米的水价为 3.6 元，北京市最高，每立方米的水价为 4 元，南昌市水价为 1.92 元，为全国最低的城市。所以，乌鲁木齐的水价低于全国大中城市的平均水价。另外，自治区发改委提供了乌鲁木齐市水费和居民收入的比例情况，其中乌鲁木齐市水费支出约占居民可支配收入的 0.9％，明显低于全国的 1.2％平均水平。[③] 根据水资源的总体情况，新疆的水费定价也明显偏低，因为乌鲁木齐人均水资源仅为 350 立方米，不到全国人均水资源的 25％，根据联合国人均水资源标准，低于 500 立方米的属于极度缺水情况。所以，新疆一方面极度缺水，另一方面水处理费价格却低于全国平均水价。新疆地域较广，污水处理设备运输成本较高，人口密度较小，用工成本也相对较高。这样在成本和价格之间形成了剪刀

---

① 以上调查数据均来自新疆维吾尔自治区住房和城乡建设厅城建处。

② 2013 年水价来自于乌鲁木齐市水业集团公司，其中水价中包含了污水处理费。

③ 以上数据均来自新疆发改委的一项研究报告。

差，最终使得新疆的污水处理价格达不到成本回收要求的问题凸显。

5.1.3　价格政策不完善

首先，新疆在同一个城市实行同样水价收费，而水价收费和污水处理费用是捆绑在一起的，它随着水价的调整而调整，即只有水价上升，污水处理价格才能随之上涨。根据国际标准，污水处理费用是供水价格的 1.5～2 倍，而目前新疆乃至全国都是按照收支两条线管理，最终使得污水处理费用包含在了水价中，而污水处理费用平均占水价总额不足 50%。这样，要保证污水处理企业不亏损，必须将保证处理的污水的成本能够及时收回。在污水处理费偏低的新疆来说，污水处理费的征收也比较艰难，所以大多企业都处于亏损状态。2010 年，新疆 49 所城镇污水处理厂几乎无一盈利。

其次，新疆的污水处理价格还没有形成市场定价，而是依靠政府对水价进行价格管理，最终形成以城市为单位的单一的污水处理定价。这样污水处理企业在处理污水时所消耗的成本有着很大的差别，最终使得很多污水处理企业由于不能根据自己的污水处理成本而收费，导致企业亏损。这种以城市为单位的单一的水价制度使得新疆很多处于不同污水处理环节的企业面临的盈利状况也存在着较大的差异。在污水处理环节，具体还可以划分上水、中水、污水和污泥等的处理，处在不同污水处理环节的企业所承担的处理成本存有很大的差别，其中处理污泥环节的成本最高。另外，在收益方面也存在着较大的差异，即上水处理后销路较好，而中水、污水和污泥的处理则基本没有市场，所以在"保本微利"的原则下实行以城市为单位的单一自来水定价，势必造成污水处理下游环节的企业处于亏损状态。

第三，新疆在污水处理价格较低的情况下，为了使得污水处理企业能够正常性的运转，给予了很多的补贴和税收优惠政策，其中主要包括关税、所得税、建筑税以及增值税优惠等，通过这些税收和补贴等形式来维持政府、消费者、污水处理企业三方统一的"保本微利"价格。然而，新疆是一个水资源稀缺的地区，污水治理的目的是节约水资源，所以在制定污水处理价格时，应该结合当地的实际情况，来区别对待。例如乌鲁木齐市是人口、商业、工业等都比较密集的地方，每天消耗的水资源量比较庞大，污水治理量也比较大，相应产生的污水治理再利用量也比较庞大，所以，乌鲁木齐市的中水再利用是一项支持污水企业发展的一项重要举措，通过净化后的中水销售而提高企业的利润。然而目前乌鲁木齐还没有相应的污水回收鼓励和处罚政策。通过污水回收鼓励政策，可以大力地倡导中水的再利用，以形成良性的污水治理循环。

5.1.4 价格政策执行不到位

在 1999 年，国家计委、建设部、国家环保总局在《关于加大污水处理费的征收力度 建立城市污水排放和集中处理良性运行机制的通知》规定了污水处理具体的收费标准，但只是按照污水处理成本来核定收费标准的一个原则性规定，没有具体规定价格制定的具体标准和方法，这还需要各个地方制定具体的污水处理收费管理办法。2002 年国家在《关于进一步推进城市供水价格改革的工作的通知》中明确要求"2003 年以前，中国所有城市都要征收污水处理费"。而后各地相继出台了《污水处理收费管理办法》。国家也在 2004 年和 2008 年出台污水处理费相关税收优惠政策，比如"污水处理取得污水处理费不征收营业税；随水费收取的污水处理费免征营业税"等。在 2013 年以后，政府根据《中华人民共和国水污染防治法》相继出台了《城镇排水与污水管理条例》《污水处理费征收使用办法》《城镇污水排入排水管网许可管理办法》和《关于制定和调整污水处理收费标准等有关问题的通知》等条例文件，规范了污水处理费相关价格政策，但在现实中存在价格政策执行不到位的情况。

新疆是经济欠发达地区，城镇化水平较低，城市人口和规模不大，城市建设和管理水平落后，城市排水管网覆盖率低，现有官网陈旧。在污水处理费政策制定和执行方面也相对落后。在 2003 年，新疆维吾尔自治区人民政府出台第 112 号文件《新疆维吾尔自治区城市排水管理办法》，并且将其作为污水处理收费管理办法。在该文件中很少涉及污水处理收费办法的具体规定，只有在第十五条第一款提到了污水处理收费标准："向城市公共排水设施及污水集中处理设施排放污水的，应当缴纳城市污水处理费。城市污水处理费的具体标准，由城市人民政府按城市供水价格管理权限制定。"而新疆维吾尔自治区人民政府的供水价格相关文件是 1999 年出台的《新疆维吾尔自治区城市供水实施办法》。很显然，新疆维吾尔自治区目前在执行污水处理收费办法时候，主要还是按照国家的标准和原则来执行，比较笼统，没有出台地方性的相关法律法规来对当地的污水处理收费办法进行规范。2004 年，《新疆维吾尔自治区水资源费征收管理办法》中甚至没有提及污水处理定价问题。

而新疆之外的很多其他省份都出台了具体的办法，例如《河北省城镇污水处理收费管理办法》《四川省城市生活污水处理费收费管理办法》《东莞市污水处理费征收管理办法》等，甚至在有些县都已经明确规定了污水治理收费办法，例如《柏乡县城镇污水处理费收费管理办法（试行）》。新疆维吾尔自治区价格政策执行并不到位，没有进一步完善国家的污水处理收费办法。在没有自己具体的污水处理办法的情况下，主要还是依赖于国家的宏观性的规定。目前能够较为具体指导各地收费标准的文件是《城市污水处理收费管理办法》。从文件制定上来看，新疆并没有重视污水治理环节，而是加强了排污的管理，2003 年 12 月 15 日，《新疆维吾尔自治区贯彻国务院〈排污费征收使用管理条例〉实施意见》由自治区人民政府颁布出台，该实施意见根据国务院《排污费征收使用管理条例》，结合自治区实际，进行了细化。从对于新疆污水处理的地方性相关法律法规研究可以发现，新疆并没有制定出适合于本地方的污水处理收费管理办法，从而导致污水处理价格政策无法得到较为明确的贯彻。污水处理定价还处于"政府补贴＋低污水处理费"的模式，许多地市由于地方缺乏财力而使污水处理厂处于停止或半运行状态。

在 2012 年，新疆维吾尔自治区发展改革委、财政厅、水利厅和住房城乡建设厅联合下发了《关于推进自治区水价综合改革的实施意见》（新证办发［2012］129 号）第四条第六款提出：尽快将污水处理费调整和执行到位。凡未调整和执行到位的，今后调整城市供水价格时要优先调整污水处理费标准。要加大污水处理费的征收力度，特别要加大城市排污管网覆盖范围内自备水源单位的污水处理费征收力度。适当提高污水处理厂出水水质和污泥处理处置标准，在对其运营成本进行监审的基础上，可结合财政拨付污水处理费的实际情况，适时调整污水处理费标准，促进污水处理行业协调发展。在 2015 年，新疆维吾尔自治区发展改革委、财政厅和住房城乡建设厅下发了《关于合理调整我区污水处理收费标准的指导意见》的文件，文件指出：新疆维吾尔自治区大部分城镇排水设施老化，功能不配套，管网渗漏严重，导致城区生活污水收集量和进水量偏低，污水处理设备不能满负荷运行，造成电力、设备等资源浪费，污水处理厂的运行成本难以得到有效控制。同时，新疆维吾尔自治区污水处理费标准一般与城市供水价格同步调整，受诸多因素影响，污水处理费均未调整到位，出现价格倒挂，价格杠杆作用难以得到充分发挥，收费标准调整的相对滞后和刚性成本的上升使得价格矛盾进一步加剧等问题。

5.1.5　价格信息公开制度和意见反馈机制不完善

具有公共事业性质的活动是关乎社会公众利益性的事业，这些活动根据利益相关者理论，是有必要对相关事务进行公开的。其中在信息公开方面，我国政府出台了《中华人民共和国政府信息公开条例》，该条例已经2007 年 1 月 17 日国务院第 165 次常务会议通过，自 2008 年 5 月 1 日起施行。在《政府信息公开条例》出台之后，各个地方也出台了相应的《政府信息公开条例》实施细则。其中由于污水处理定价主要是政府主导的，而污水处理是关乎社会公众，且具有公共产品性质的一项活动，所以根据《政府信息公开条例》，污水处理定价的程序和信息应当公开。污水处理定价是政府、消费者和企业三方利益博弈的结果，进而体现公平。信息的公开是解决三方信息不对称的主要方面，特别是成本和价格信息公开，才能保证收费的正当性不会受到质疑，也使企业和居民缴费放心，收费政策执行才能行之有效。污水处理价格水平和结构的确定，是政府、污水处理企业和用户三方博弈的结果。我国的污水处理费合并在水价中一起征收，水价实行听证会制定。然而污水处理企业具有自然垄断的特征，关于污水处理成本信息，在政府、污水处理企业和水用户之间存在着严重的信息不对称问题，政府和用水户对污水处理企业的成本了解甚少。污水处理企业在听证会上提供的污水处理成本不仅不够透明，而且大部分报告都是由审计单位提供的财务审计报告，这样的报告这能说明污水处理企业的资金使用是否合法，不能说清楚企业的钱该花不该花、花得合理不合理，用水户和政府不得而知。如果污水处理企业在经营管理过程中出现人员超编、超高福利、管理效率低下、管网漏洞、服务质量低下等情况就会导致污水处理成本的扭曲。在此情况下，污水处理费涨价就得不到民意的支持。所以政府应该以法律法规强制力保证利益相关者应当享有信息的知情权。污水处理成本信息成本的真实性、及时性、公开化和透明化是用水户、污水处理企业和政府维护其各种正当权益的基础和保证。

然而目前新疆维吾尔自治区在污水处理定价的信息公开方面还不完善。通过对于网络的搜索，很少能够找到新疆维吾尔自治区污水处理定价的过程、结果等信息。新疆人民政府网是关于政府公共信息公开的一个重要的渠道，同时，污水处理定价主要是新疆人民政府通过成本申报以及听证会等来制定的，所以，新疆人民政府网应该成为发布污水处理定价信息的重要渠道。然而遗憾的是在信息公开栏目中，并没有涉及污水处理定价的相关信息。信息的发布伴随着信息的反馈，既然没有特定的信息发布栏目，更没有相应的信息反馈栏目的设置。另外，通过网络查询新疆污水处理的相关文件时不难发现，其他很多省份有非常多的关于污水处理的相关文件，而新疆关于污水处理的文件相对较少。另外，通过新疆价格网查询，也没有涉及污水处理价格的相关信息。新疆维吾尔自治区物价局和水利局的官方页面，也没有公布详细的污水处理价格。在新疆维吾尔自治区发展和改革委员会网站上公布了水资源和供水价格以及主要城市的供水价格通知等文件，但并没有污水处理定价的程序和信息等。所以从信息公开角度来讲，居民对于城镇污水处理定价过程以及定价结果在文件方面以及在实施过程方面都没有一个明确的知情权。

对于信息公开的主体，不单单包含政府的信息公开，同时企业也需要作出相应的信息公开。因为在污水处理定价是依据企业申报的污水处理成本和举行听证会等而形成的，污水处理价格很大部分是依据处理污水企业的成本基础上而核定的。然而有些企业可能会通过增加用工人数、工资水平、福利以及运营成本等来虚报污水处理成本，产生不真实的信息。而污水处理是一种公共产品，该公共产品定价问题需要将信息给予有效的公开。针对企业而言，需要公开其具体的经营性的重要数据，以供相关利益人监督，减少虚报问题，增强成本申报的真实性，而目前污水处理企业的成本信息公开几乎没有。

5.2 新疆城镇污水处理费定价机制存在问题原因分析

5.2.1 污水处理费的形成机制存在定性矛盾

污水处理是一项具有公益事业性质的活动，在计划经济时代，污水处理完全是国家财政拨款，没有对居民进行收费。随着我国市场经济体制改革，很多事业型经营活动开始自负盈亏，被纳入到营利性的经营活动中，开始由市场体制来定价。但是根据新疆的现实情况，目前污水处理业仍然属于事业型的范畴，主要靠政府收取和拨付的排污费用，污水处理通常能够得到政府的补贴或税收优惠，通过政府的财政或税收来支持企业。对于企业在污水处理过程中要向最终用户收取多少费用，还没有纳入到市场体系之中，而是主要靠政府来决定污水处理定价的问题，这主要还是考虑到污水处理的公益性和公共性。在污水处理定价过程中，主要根据国家的污水处理定价办法来执行，即污水价格调整需要举行听证会，把污水处理的价格和自来水的价格结合起来，实行收支两条线管理。所以，污水处理定价问题是与最终的用户相脱离的，主要依靠政府来具体定价，而不是靠污水处理企业和最终用户的供需来决定和调节，这就造成了污水处理价格的市场形成机制丧失或者只能起到较小的参考作用。

从上分析不难发现，污水处理价格机制存在的矛盾主要是政府干预过多，还停留在计划经济时代，主要依靠政府来定价而造成的。这种定价政府不但使得价格的形成脱离了供需双方的博弈，同时也通过一定的政府行为进一步扭曲了市场的作用。例如，目前新疆的污水处理价格不但包括向最终用户征收的污水处理费用，还包括政府的关税优惠、所得税优惠、建筑税优惠以及增值税优惠等。这些都进一步扭曲市场，减弱市场的作用。

进一步来讲，政府的干预导致了污水处理价格的扭曲主要是由于政府、消费者和企业对于水价的要求存在着很大的差异。在政府的主导下，最终水价以及污水处理价格控制在什么范围之内更为合适，实际上是这三方主体利益博弈的过程。在将污水处理作为一项公益性事业来定位的前提下，很显然政府和消费者的利益具有较为近似性，从而形成了目前的"保本微利"的污水处理价格定位目标。

5.2.2 收支两条线割裂了收费标准高低与污水处理企业盈亏关系

从新疆污水处理定价机制所存在的问题可以发现，其中最重要的一条原则是根据自来水的价格和污水定价捆绑，实行收支两条线管理。对于公用事业性收费基本都是经营者直接收取，而污水处理费用采用政府委托自来水企业与水费一起征收，且涨价也是同自来水价格一同涨价，形成了二者的捆绑。这样造成了经营成本与经营收益之间关系脱离，即污水处理企业无法根据自己的经营成本来决定污水处理收费。另外，目前的收支两条线管理，制定和调整污水费用标准的经营性主体还没有培育发展起来，污水处理企业的投资主要依靠财政拨款，污水处理企业主要没有形成一个利润中心，即没有推向市场，形成一种污水处理产业。在这种情况下，污水处理的经营效率并不能得到有效的反映，最终反而会使得那些经营效率较高的污水处理企业因为没有得到较高的财政拨款而陷入被动地位，对于那些财政支付较高的污水处理企业虽然经营效率较低，也会不断地得到发展，最终形成一种政府性垄断，而非形成一种自然性垄断。在污水处理市场中，形成"劣币逐良币"的现象，不利于污水处理产业的发展。这种收支两条线管理，使污水处理企业无法左右自己生产产品的价格，被动地听命于政府，这样也不利于企业经营效率的改善，缺乏企业产业升级的动力等。所以，从总体上来讲，自来水与污水处理价格绑定，收支两条线管理，导致企业的经营状况关联不密切，最终不利于提高企业的经营效率以及污水处理产业的良性发展。

5.2.3 大幅度提高污水处理费与用户承受能力存在矛盾

目前我国水价的构成主要有水资源价值、水污染防治费用、水利工程输送原水费用和自来水企业制水和供水费用构成，具体表现为水资源费、水利工程供水价格、污水处理费和自来水价格的累加。2005 年乌鲁木齐市对水价进行了一次全面调整，综合供水价格由 1.18 元/立方米（不含污水处理费、水资源费等）调整为 1.56 元/立方米。居民生活用水由 1.53

元/立方米调整为 2.10 元/立方米，其中：自来水供水价格由 1.20 元/立方米调整为 1.36 元/立方米，污水处理费由现行的 0.30 元/立方米调整为 0.70 元/立方米（含 0.10 元/立方米排水管网运行维护费）；水资源费由现行的 0.03 元/立方米调整为 0.04 元/立方米（城市供水分类水价详见表5－1）。上述居民生活用水，工业用水，商业服务业用水，绿化、环卫、消防用水，基建用水和特殊用水价格中，包含重点水利建设投资 0.30 元/立方米。其中自来水调整价格中含 0.20 元/立方米，污水处理费中含 0.10 元/立方米。绿化、环卫、消防用水，基建用水不含污水处理费。八钢供水区域居民生活用水按不高于 2.10 元/立方米执行。对自备水源的水价每立方米加收 0.30 元/立方米的重点水利建设投资和 0.60 元/立方米的污水处理费（含 0.10 元/立方米排水管网运行维护费）。

表 5－1　2005 年乌鲁木齐市城市供水分类水价表

单位：元/立方米

项　　目	现行价格	调整价格	污水处理费	水资源费	合计
居民生活用水	1.20	1.36	0.70	0.04	2.10
工业用水	1.20	1.48	0.70	0.04	2.22
商业、服务业用水	2.00	2.44	0.70	0.04	3.18
绿化、环卫、消防用水	0.90	0.90	0.10	0.04	1.04
基建用水	2.90	3.54	0.10	0.04	3.68
特殊用水	7.13	8.70	0.70	0.04	9.44
综合水价	1.18	1.56			

数据来源：乌鲁木齐市发展和改革委员会：《关于调整乌鲁木齐市城市供水价格的通知》（乌发改房〔2005〕74号）。

2014 年 12 月，乌鲁木齐对水价又进行了一次调整，综合供水价格由现行的 1.56 元/立方米调整为 2.34 元/立方米。按照现行六类水价分类，城市自来水价格做如下调整：居民生活用水由现行的 1.16 元/立方米调整为 1.66 元/立方米。工业用水由现行的 1.28 元/立方米调整为 2.70 元/立方米。商业、服务业用水由现行的 2.24 元/立方米调整为 4.44 元/立方米。绿化、环卫、消防用水由现行的 0.70 元/立方米调整为 1.66 元/立方米。基建用水由现行的 3.34 元/立方米调整为 6.63 元/立方米。特殊用水由现行的 8.50 元/立方米调整为 16.86 元/立方米。所以从上述乌鲁木齐市水价格标准可以看出，水价的构成呈现上升趋势，但是污水处理费是用户承担水价中的一部分，提升幅度不大。

表 5 - 2　2015 年乌鲁木齐市城市供水分类水价表

单位：元/立方米

项　　目	现行价格	调整价格	重点水利建设投资	排水管网维护费	污水处理费	水资源费	合计
居民生活用水	1.16	1.66	0.30	0.10	0.50	0.04	2.60
工业用水	1.28	2.70	0.30	0.10	0.50	0.04	3.64
商业、服务业用水	2.24	4.44	0.30	0.10	0.50	0.04	5.38
绿化、环卫、消防用水	0.70	1.66	0.30			0.04	2.00
基建用水	3.34	6.63	0.30			0.04	6.97
特殊用水	8.50	16.86	0.30	0.10	0.50	0.04	17.80
综合水价	1.56	2.34					

数据来源：乌鲁木齐市发展和改革委员会：《关于调整乌鲁木齐市城市供水价格的通知》（乌发改医价〔2014〕1030 号）。

从水资源费情况看，长期以来，由于水资源没有被作为商品对待而无偿使用，其商品属性在近年来才为人们逐步认识并有了具体的价格形式——水资源费。目前全国平均地表水的水资源费，居民生活用水和工业用水分别为每立方米 0.13 元、0.17 元，地下水分别为 0.39 元、0.46 元，根据乌鲁木齐市城市供水分类水价表，居民生活用水和工业用水水资源费仅有 0.04 元/立方米，远远低于全国的平均水平。这种偏低的收费标准不能充分体现新疆水资源的紧缺状况，从有利于水资源的节约和保护目的出发，今后水资源费必然呈逐步上升的走势。

目前，乌鲁木齐市综合水费为 2.34 元/立方米左右，从整体上来说，乌鲁木齐市的水费基本可以满足企业的成本，但是几乎没有盈利。从近年来水价调整情况看，用户实际担负的水费年均涨幅明显低于城镇居民可支配收入的增长幅度。因此，继续推进污水处理收费改革，居民和企业所面临的不仅仅是来自提高污水处理费的压力，而是来自全面调整水价所带来的影响，其中，对社会困难群体和效益相对较差的企业影响更大。

在新疆维吾尔自治区内，用水结构很不合理，农业用水比重高达95％以上，国民经济和社会发展赖以健康持续发展的大量水资源被农业占用。目前，全国平均供农业用水价格为每立方米 0.059 元，供工业和自来

表 5-3　2005 年新疆维吾尔自治区水资源费征收标准（修订）

单位：元/立方米

分布		I			II	
水源行业分类	地表水		地下水	地表水		地下水
自备水源 石油开采	0.30		0.70	0.15		0.40
自备水源 工业	0.12	0.35	城市供水管网覆盖范围内的自备水源 0.7	0.10	0.20	城市供水管网覆盖范围内的自备水源 0.50
自备水源 建筑业、商业、服务业	0.01	0.25	城市供水管网覆盖范围内的自备水源 0.5	0.06	0.15	城市供水管网覆盖范围内的自备水源 0.35
自备水源 城市（镇）生活、绿化、社会公益事业	0.06	0.15	城市供水管网覆盖范围内的自备水源 0.3	0.04	0.08	城市供水管网覆盖范围内的自备水源 0.20
自来水	0.04		0.06	0.03		0.05
农林牧灌溉供水	0.003		0.015	0.002		0.01

数据来源：乌鲁木齐发展和改革委员会：《关于调整乌鲁木齐市城市供水价格的通知》。http://www. urumqidrc. gov. cn/info _ show. asp? ArticleID＝3988。

注：①地热水、矿泉水的水资源费标准定为 1.5 元/立方米。②地下水超采区的地下水水资源费按所在地区地下水水资源费的 2 倍核定标准。矿坑疏干排水按所在地区地下水水资源费标准的 20％核定标准，排水用于生产生活的，按实际用途核定地下水水资源标准。③火力、水力发电用水消耗水按所在地区工业水资源费标准征收，水力发电用水按 0.003 元/千瓦时征收，火力发电贯流冷却水按0.005 元/千瓦时收。④利用湖泊、水库等天然水域，从事水产养殖业的，按养殖业所获产值的 1％征收水资源费，人工池塘从事水产养殖的，其取水按农牧业灌溉水资源费标准征收水资源费；利用河流、湖泊、水库从事旅游开发如游船（艇）、漂流等活动，按所获营业额的 0.5％征收水资源费。I区指：乌鲁木齐市、克拉玛依市、昌吉州、石河子市、哈密地区、吐鲁番地区、博州、伊犁州的奎屯市、塔城地区的沙湾县、乌苏市。II区指：巴州、阿克苏地区、克州、喀什地区、和田地区、伊犁州（奎屯市除外）、阿勒泰地区、塔城地区（乌苏市、沙湾县除外）。

水厂价格分别为 0.30 元和 0.27 元，乌鲁木齐市农业用水价格在第一区地表水和地下水的价格分别为 0.003 元/立方米和 0.015 元/立方米，在第二区表水和地下水的价格分别为 0.002 元/立方米和 0.02 元/立方米；工业用水第一区和第二区地表水和地下水的价格分别为 0.12 元/立方米和 0.35 元/立方米、0.1 元/立方米和 0.2 元/立方米（表5-3）。在新疆由于整体水价偏低，导致农业用水价格更低，这样不利于灌溉方式改善，用水效率和效益低下，水利工程供水价格还需要稳步提高。

从 2012 年起，新疆水利厅会同自治区发展改革委，经过深入调研，系统测算，在广泛征求意见的基础上，于 2013 年 12 月提出了自治区水资源费标准调整方案。该方案先后经自治区人民政府第十八次常务委员会研究，报自治区党委财经领导小组会议审议通过，并于 2016 年 1 月 1 日起施行。与 2005 年发布的水资源费标准相比，本次水资源费标准调整扩大了征收范围，完善了标准体系，普遍提高了各行业的水资源费标准，此次调整范围主要分为城市（镇）公共自来水、非农业用水、农业灌溉、石油天然气开采取用水以及农村生活、养殖、公共事业取用水五类（表5-4）。由水利工程供水的，其水价中应包含水资源费，水资源费由供水管理单位缴纳；自备水源的水资源费由取用水单位直接缴纳；对非地下水超采区范围内农民 30 年承包土地灌溉直接取用地下水的，限额以内用水免征水资源费，限额以外或地下水超采区用水的征收水资源费；对非 30 年承包土地农业灌溉取用地下水、地表水的，全面征收水资源费；水利工程供农业生产用水的，暂免征收水资源费。

表 5-4　2016 年新疆维吾尔自治区水资源费征收标准（修订）

单位：元/立方米

分　　布		I		II	
水源行业分类		地表水	地下水	地表水	地下水
自备水源	洗车、生产矿泉水、纯净水	2.4	4.8	2.4	4
	工业商业、服务业	0.60	1.2	0.60	1.0
	非农用水、城市（镇）生活、绿化、社会公益事业	0.12	0.24	0.10	0.18

（续）

分　布	I		II	
自来水	0.06	0.12	0.05	0.09
水利工程非农供水	0.25	0.5	0.20	0.4
石油天然气开采	1.8	3.6	1.8	3.6
农村生活、养殖和公用事业	0.03	0.05	0.02	0.03

数据来源：新疆即将实施新的水资源费征收标准. http://www.jswater.gov.cn/art/2015/10/23/art_25_60527.html。

　　从以上的水价构成来看，新疆的水费包括污水处理费，污水处理费在水价中所占的比例比较小，乌鲁木齐市调整后的污水处理才 0.5 元/立方米，没有达到新疆的平价水平 0.60 元/立方米，也低于国家要求的最低标准，不能反映污水处理的成本。从水价的调整来看，2005—2014 年乌鲁木齐市水价经过调整，2016 年执行的水资源费征收标准比 2005 年有了较大的提高，但是污水处理费调整的力度不大。全疆现在平均水价仅为 0.047 元/立方米，仅达到 2010 年供水成本的 31%。这都说明新疆提升水价，特别是污水处理费的迫切性。但是由于新疆的经济发展水平较低，城镇居民的收入水平低，不能承受水价包括污水处理费的快速增长。在《关于合理调整我区污水处理收费标准的指导意见》（新发改农价［2015］1457 号）第三条指出：新疆设市城市污水处理收费标准原则上应调整至居民不低于 0.95 元/立方米，非居民不低于 1.4 元/立方米；县城、重点建制镇原则上应调整至居民不低于 0.85 元/立方米，非居民不低于 1.2 元/立方米。已达到最低征收标准但尚未补偿成本并合理盈利的，应当结合水污染防治工艺的改进进一步提高污水处理收费标准。各地具体征收标准可结合当地经济发展水平、水资源状况、污水处理成本、居民承受能力等实际情况确定。这都说明大幅度提高污水处理费和居民承受力之间矛盾比较突出。

第六章 国外污水处理费价格形成机制及借鉴

6.1 国外污水处理费价格形成机制

由于污水处理行业具有典型的自然垄断、区域性、外部性和公益性的特点，世界上发达国家对污水处理收费都形成了科学合理污水处理价格形成机制及管理模式。

6.1.1 美国

美国污水处理行业管制主要分为三个层次，即联邦、州和地方政府。美国是一个联邦制的国家，州政府与联邦政府的关系相当松散，各州有较大的自主权，所以以州为主体的管制体制是美国城市污水管制的特点之一。在联邦，负责污水处理管制的主要是美国环保署，相当于中国的环境保护总局，主要职责是制定环境规划的国家标准和法案（如《安全饮用水法案》和《清洁水法案》），对水污染、空气污染和固体废物进行监督和控制；为污水处理和清洁水工程提供资金支持。20世纪七八十年代，联邦基金为公有污水处理设施的建设提供了600多亿美元的资金，用于污水处理厂的建设、泵站的建设、收集和拦截污水、下水道系统的维护和更新。各州设立公用事业委员会，统一对水资源在内的公用事业实施监管，州一级监管职责由于地域、人口、水资源分布和经济社会情况的不同而差别很大。地方政府包括县级和市级政府，主要是设立地方水务管理董事会进行管理。美国的污水处理企业是公用事业中最分散的，投资也主要以市政公用为主，属于县、市和地方政府所有。如2000年美国环保署统计，有

16 000个污水处理设施为1.9亿人提供完善处理服务，占总人口的73%。污水处理设施的71%为人口少于10 000的小型社区提供服务，企业拥有自己的污水处理设施，如化粪池系统等。绝大部分污水处理设施是政府所有而非私人所有。

公众参与是美国对污水处理行业监管的一种重要形式，特别是《行政诉讼法》保证了公众在政府决策中的重要作用，如严格的水价听证会制度，保障了公众的权利。为了确保地方污水处理系统能够提升水的质量，美国环保署通过许多项目来鼓励当地政府和企业改善环境。

美国是一个水资源相对丰富的国家，水资源压力比较小，与其他发达国家相比，居民支付供水和污水处理费占家庭可支配收入最低，1998年，平均每户家庭每年的污水处理费约为200美元。2002年国会预算办公室估计水费支出占家庭可支配收入的0.5%。由于美国污水处理设施大多是市政公用事业，资金主要由储备金和财政机制为污水处理提供，所以污水处理费定价的总原则是全成本定价（包括运营维护成本和资本成本），公用污水处理企业既不盈利也不亏损，污水处理费的征收只倾向于收回实际成本和债务成本，满足资本市场上维持融资能力的需要。同时污水处理价格保持在低水平，保护用户的利益。对私有的污水处理公司的价格主要通过投资收益率来管制，在实际的投资成本的基础上，保证投资者适当的投资回报率，通常称为投资回报率管制。污水处理费的定价方法主要是服务成本定价法，一般按照单个工程定价。公共事业委员会负责价格的审批和监管，实行成本监控和价格审核一体化管理，能够较好地实现约束成本和合理定价的管制目标。污水处理费定价的程序包括：提出申请、抗议和申辩、调查、召开听证会、做出决定。

在美国，向用户制定的污水处理费体系，不同的污水处理公司实行的污水处理费结构不同，具体的形式有：固定费用、固定费用加税、固定费用加流量费用、固定费用加税再加流量费用等。除极少数地区采用固定费率结构外，大部分地区实行两部制污水处理费，即向居民收取的污水处理费主要由固定费用和流量费用组成，固定费用是不变的，主要是保证污水处理企业稳定的、可预测的收益，收回企业的固定成本；流量费用是依据实际用水量的多少收费，用于收回企业的运行成本。

在一些水资源短缺的地区，在两部制污水处理费的基础厂实行递增式污水处理费结构。如在波士顿水供应和污水处理费都实行递增式结构（见表6-1）。从表6-1可以看出，供水单价和污水处理都是阶梯式递增结构，但是污水处理费递增的幅度要高于供水费递增的幅度。

表6-1　美国波士顿市的供水和污水处理费收费标准

用水量 （立方米/月）	供水单价 （美元/立方米）	污水处理单价 （美元/立方米）	单价合计 （美元/立方米）
0～16	0.875	1.205	2.08
17～43	0.876	1.218	2.094
43～60	0.878	1.231	2.109
60～164	0.880	1.247	2.127
164～215	0.883	1.260	2.143
215～603	0.884	1.273	2.157
603～1 464	0.887	1.289	2.176
1 464～2 584	0.889	1.302	2.191
2 584～5 167	0.891	1.316	2.207
5 167 以上	0.893	1.329	2.222

资料来源：根据亚洲银行网站资料整理。

美国是较早进行依法治水和依法管水的国家之一，其污水处理法律法规体系比较完善。特别值得一提的是，1972年出台的《清洁水法案》是当时所有联邦水法中最严格一部法律。这部法律将水质监控的主要职责从州政府转移到联邦政府，建立了第一批国家水质目标，要求点源排放污染物，尤其是来自工业设施和共有污水处理厂的污染物，必须获得美国污染物排放消除系统的许可。零排放目标、适合钓鱼游泳目标和有毒物质名录无毒目标是《清洁水法案》最重要的三个目标。而且在1987年修订的法案中授权环保局为各州分配清洁水周转基金，为市政污水处理设施工程提供资金。

6.1.2　德国

德国位于欧洲的中心位置，是欧洲经济最强的联邦制国家之一。水在德国是公共资源，国家对水务行业（供水和污水处理）的管制主要是集体民主决策，依法治水。政府管制的权限主要分为3级，即联邦、州和乡镇政府。在联邦一级，主要负责法律政策的制定，负责全国的水事务，如水资源保护，联邦政府没有专门的水资源管理机构，水资源管理中职责和权限分布在各个部门。各州和乡镇政府负责供排水服务和水环境管理，主要职责是执行联邦水法，制定和执行当地的水法，水法规定水资源管理必须服务于公共利益。州和地方政府认为，供水和污水的管理是相互分开的，所以水务企业相对分散。据估计，德国共有15 000家供水和污水处理企业，其中主要是地方市政部门提供的供排水服务，95％都属于市政府公共所有。污水处理设施很完善，有86％的管网连接到了农村，并进行严格的污水处理。德国也鼓励污水处理市场化，允许供水和污水处理私营化，可以进行特许经营，但只能允许适当的投资回报率。

市政府的职责主要是负责供水和污水处理服务，并确定合理供水和污水处理价格。供水和污水处理价格有乡镇政府、供排水企业和用户共同决定，通过协议达成一致。定价的根据是成本收回原则、平等对待原则和等价原则。污水处理费全部由排污者承担，即"谁污染，谁付费"的原则，费用由基础设施费和运行费组成，以反映总成本水平，但污水处理费中不能包含企业的盈利额。收费的对象主要是水消费群体，财政补贴很少，所以收费要包括所有的运营成本、维护成本和投资成本。收费的程序为：政府规定收费标准和规章并报当地机关批准和监督，收费是一种行政行为，需接受法律机关的监督，消费者如果对收费不服，可以向当地法院提出行政诉讼。供水费和污水处理费一般都是按照用水的流量和相应的标准进行征收。

德国是欧洲污水处理率最高的国家之一，超过了92％的污水都通过管网输送到污水处理厂进行处理。在德国，所有排入水体之前，都是经常完整处理程序并达到排放标准的。德国的环保法不断提高环境保护标准，同时供水服务和污水处理成本也在不断地提升。这也不断促使居民节约用水、水循环使用和废水再利用。德国的供水和污水处理费平均价格是全世界最高的，而且污水处理费高于供水费，这是因为德国的水环境保护标准高，当然也是因为管理效率低下。

德国在水务管理方面的主要法规是 1995 年制定的《联邦水法》，1996 年修订。这为制定其他相关法律提供了立法框架，比如《污水处理条例》和《饮用水安全条例》等。但是德国没有专门的水务行业监管机构，监管根据职责分布在相应的职能部门，监管的决策权主要在市政公用部门，但是用水户和市民对监管政策都很积极响应。

6.1.3　英国

英国对水务行业（包括供水和排水服务）的管制已走过了两百多年的历程，期间经历了由私人分散经营到市政国家经营、再回到私人经营的过程，也经历了从地方分散管理到流域水务一体化管理、再到中央对水资源统一管理和水务私有化相结合的过程。特别是 20 世纪 80 年代以来，放松对水务行业的管制，引入市场竞争机制、允许参与的资本获得合理的利润，实行水务行业私有化经营，使水务行业的总体绩效明显的提高。污水处理的达标率从 1990—1991 年的 90% 提高到 2004—2005 年的 98.6%。

英国对水务行业的管制分三个层次，最高层次主要负责管制政策的制定，主体为环境国务大臣和威尔士国民议会；中间层主要负责管制政策的实施，主体为水务办公室、环境署和饮水监察署等，主要的职责是水权的分配、水价的制定及调整、水质安全、服务质量和普遍性问题；第三层次主要负责管制纠纷的处理。其中水务办公室是水务行业的经济监管者，主要职责为：代表政府制定水价并对水价进行定期调整；监管水务公司履行法定职责，并为其制定效率目标；监管水务公司有效运营，保持融资能力，并获得合理的资本收益率；测评服务标准，检查服务质量；调查投诉，处理争端；保护用户利益，促进行业内有效竞争。英国对水务行业的监管始终坚持立法先行的原则，制定了许多有关水资源和城市水务的法律法规，形成了完善的水务法规体系，如水资源法、水法、水务行业法、竞争法和环境法等。例如水务行业法明确了供水和污水处理公司的权利和义务，将取水、水处理、污水收集、处理、排放或再利用等整合到同一管理框架下；明确规定了对用户权益的保护，赋予水务办公室主任更高的权力，使其介入并改善各水务公司的费率机制。

英国政府对水务行业的监管主要内容为经济监管，其核心是价格监管。主要是采用 PI≤RPI-X 的方法监管供排水的价格。RPI（Retail Price Index）表示零售价格指数，X 是由价格管制者确定的表示在一定时期内生产效率增加的百分比，由于水务公司被强制要求实施大规模的资本投资机会以及符合环境管制和水质管理的要求，故价格管制以 PI≤RPI＋K 表示，其中 K＝－X＋Q 表示，Q 表示与环境管制有关的因素和补偿项目改进的支出。该模型最大的好处是对供水和污水处理企业的激励，不仅激励企业改善经营管理，提供自身的生产效率，能够提高整个行业的生产效率，鼓励企业扩大投资和符合环境管制的标准，这样也相应地保障了用水户的利益，使其能尽快从水务公司的效率中获益。水务监管局主要从水务公司维持和提高服务能力、改进水质和环境、保障供求平衡等因素出发，审核水务公司的商业计划，预计其相应的运营成本、资本支出和资本回报，最终确定每家公司的价格限制水平。总体上，英国的水务价格管制符合市场经济规律。水务监管局审核水务公司的商业计划和收费方案以及每一项服务的收费构成和条件，确定价格限制。而水务公司有权在价格限制的范围内制定各自的价目表，提供供水和污水处理一揽子服务。只要一揽子服务的加权平均价格不高于价格上限，水务公司可以自主提高或降低每项服务的价格。

英国污水处理费包括在水务系统服务费中。水务系统服务费分为供水服务费和污水处理服务费，其中污水处理服务费包括地表水排水费、公路排水费、生活污水费和工商业污水费。水价的制定按照公平（对各类用户既无歧视也无偏好）、成本（征收的水费应反映和覆盖供水和污水处理服务的成本）和区别性（对不同地区、不同用途和不同标准的供水和污水处理服务实行不同的费率结构和水价）三大原则为基础，基本水价按照供水和污水处理服务的成本核算，然后根据投资回报率和通货膨胀率加成确定。水务监管部门实行对水价 5 年规划，每年可调整，并定期进行价格评审制度。价格评审制度的主要内容包括：水价随物价变化而调整；水价制度设计考虑了未来外部环境的变化对企业投资和成本的影响；针对价格制定可能存在的缺陷进行调整。

英国一般按照两种方式收取供水和污水处理服务费：一是根据用户房屋财产的应税价值收费（即非读表计费）；二是根据用户的实际用水量收

费（即读表计费）。非读表计费包括两部分：一部分是反映向用户提供污水处理服务的成本即与用户有关的固定费用，另一部分是与房产应税价值有关的费用。读表计费也由两部分组成：一是固定费用，不与实际的水量挂钩的固定费用；二是计量费用，即根据用户的设计用水量收取的费用。读表计费能够把用水量和相关成本联系起来，被认为是公正的收费办法，而非读表计费与用水量无关。

英国的水价分为价格篮子和非价格篮子两部分，当然还包括弱势群体价格、管网链接费和其他费用。价格篮子是水务公司相关产品和服务的价格总称，价格篮子中包括供水服务、废水处理服务（包括地表水排水、公路排水和生活污水处理服务）和工商业污水处理服务（其污水量和浓度高于生活污水）。水务监管者通过对篮子里的所有产品和服务设定一个总的价格限制监管水务公司的收费。在价格限制的范围内，水务公司可以自行设定一揽子服务价格，每项服务的价格可以高于或低于价格上限，但所有服务的加权平均价格增长水平不得高于价格上限。非价格篮子是水务公司为大用户提供服务时收取的价格。另外《水务业（价格）（弱势群体）监管条例》规定，在满足一定资格的条件下，读表用户能够申请按照弱势群体价格支付供水费和污水处理费。如泰晤士水务公司在 2005—2006 年为弱势群体提供的供水价格为 145 英镑/年，污水处理价格为 100 英镑/年；而对一般用户提供的供水价格和污水处理价格为平均 150 英镑/年和 102 英镑/年。

6.1.4　法国

在法国，水被视为国家资源，水务基础设施无论是何人所建，均属国家所有。国家对水务行业的监管实行"国家—流域—地区—地方"四层监管体制，并有效地接受公众的监督。国家对水资源管理的主要机构是水资源委员会，主要职责是确定国家水政策，取水排污授权和水质管理方面的协调工作，起草和批准水资源法、规章或白皮书。流域级的管制机构为流域委员会和流域水资源管理局，主要职责是制定和发布水务管理政策，为水务费用征收和水法贯彻实施等方面提供咨询，负责水务行业融资。地区级的管制机构是地方水委员会，主要职责是起草、修正流域内的开发和管理方案等。地方的管制主要是市镇水务委员会，主要职责是组织生活用水供应及污水处理；筹集资金、决定投资和工程的管理方式和水价；通过招标方式选择施工单位，确定工程服务范围。法国这种严密、自上而下的分级管理，既体现出监管的全局性和系统性，又为各层次用户公共参与管理创造了条件。

法国对水务行业的经济监管主要体现在市场准入和水价监管。市场准入的监管主要是采用委托经营的模式，即地方政府通过招标选择报价最低的私营企业作为水务服务的经营者；政府与中标私人企业之间的关系以委托合同进行约定，合同中明确规定委托企业在约定期限内的特性权，并在利益平等的条件下规定双方的权利和义务；公用事业管理部门不干涉企业的日常管理；地方政府具有对合同执行情况的监督权；私营企业的行政和财务都要接受司法机构的监督；特许经营期满后，所有设备归属国家。委托经营分为特许经营、承租经营、法人经营和代理经营等。委托经营的实质是国家公共财产归私营企业管理，国家和私营企业之间是一种合同关系。

法国对水资源拥有专营权，由地方当局具体负责饮用水水质，污水处理和污染控制。地方当局可以自行管理水务基础设施，也可以委托私人公司管理。目前，法国约有 30 000 个供排水处理系统，每个系统服务用户的数量从几百个到几百万个不等。在法国自来水输配和污水收集和处理，隶属于单一城镇和多个城镇联合的机构管理。

自 20 世纪 70 年代，法国开始进行大规模的水污染防治工作，针对城市污染水造成的水污染问题采取了一系列措施：征收排污费；提供防止水污染的技术和资金援助；改进工艺，推广无废工艺，建设废水；改进公共污水处理技术，增加污水净化设施，改进污水管网等。到 1995 年法国已有 85% 的家庭住宅与下水道及污水处理系统连接，85% 的生活污水经过处理。而后进一步治理水源污染，法国政府要求所有市镇在 2005 年以前建立起符合欧盟标准的污水处理系统。现在法国超过 2 000 人以上的市镇都建设有集中式污水处理厂，城市的污水处理率已经达到 95% 以上，法国共有 11 992 个污水雨水收集处理管理机构。

法国的水价制定的原则是成本补偿原则（即水价需覆盖供水和污水处

理服务所需的成本）和排污者付费和治污者补偿原则。用户水价中包含水费和水税两个部分，其中水费包括供水费和污水处理费，污水处理费主要包括污水净化处理及下水道设施维护费，投资兴建新污水处理厂及相关基础设施费用和服务费；水税主要包括取水税、污染税和国家供水系统开发基金、增值税等。法国对用水实行"谁污染、谁付费"的政策，对工农业用水，流域管理局完全根据废水排放量及污染程度收取费用；达到排放标准可以不付费；对于家庭用水，则在水费中增加污水处理费、水资源保护费等相关收费项目，比重呈现增长趋势。且污水处理费的增长速度高于供水费的增长速度，见表6-2：

表6-2　1991—1999年法国居民用户年均供水费和污水处理费（含税）

单位：欧元/年

年　份	1991	1992	1993	1994	1995	1996	1997	1998	1999
供水费	109.15	117.08	124.4	131.72	137.05	142.69	146.35	147.72	149.1
污水处理费	78.05	91.47	107.93	125.92	137.2	148.49	154.58	159.46	163.27
合计	187.2	208.55	232.55	257.64	274.25	291.18	300.93	307.18	312.37

数据来源：Jihad C. Elnaboulsi, 2001。

　　法国政府根据水务系统实际发生的折旧费、运营费、用户管理费、税收等各项费用计算基本水价，并根据水质状况、人口密度和用户弹性变化、供水成本、水污染程度和污水处理成本变动情况，进行水价的调整。水费收取的形式多样，有直接收取、委托收取和混合收取等方式。水费的收取标准也不相同，例如，南部水资源缺乏，制水成本高，水费就高；北部水资源充足，制水成本低，水费就低。不同城市、不同地区、不同用户之间的水价差别也很大。

　　法国水务行业的法规比较健全。主要有《水法》、《污染治理法》、《市镇废水处理指令》、《独立净化污水条例》、《萨班法》、《公共服务管理与委托法》和《公共服务委托法》等，形成了一个完整的水资源管理法律体系。

6.1.5　以色列

　　以色列是世界上唯一建立在沙漠上的发达国家，其大部分领土为干旱或半干旱地区，水资源不足以满足其日益增长的需要。然而，正是这样一个水资源严重匮乏的国家，却拥有着世界最大规模的海水淡化设施，日产淡水达 100 万立方米；是世界上滴灌领域的领导者，60％的农田使用滴灌技术；回收水用于农业的比率世界最高，城市污水总量的 70％被回收用于农业；拥有水设备发展的前沿技术并提供多种多样的先进设备。通过加强水资源管理和高效节水措施，以色列取得了举世瞩目的节水兴国的成就。

为充分利用水资源，以色列先后制定《水法》、《水测定法》、《打井法》、《地方管理机构（废水）法》、《河流和泉水管理机构法》、《水污染防治条例》等多部法律法规，用法律的手段健全各部门职责，促使全体公民节约用水、合理利用水资源。《水法》规定以色列境内的所有水资源归国家所有。在以色列，即使土地所有权归公民个人，但该地水资源管理、使用的权限仍属于国家，其开发和利用必须着眼于满足国家经济建设和居民生活的需要。同时，以色列水管理局会同以色列环境保护部积极建设节水型社会，发布了《家庭节约用水的十项规定》、《花园节约用水的十项规定》和《节约用水的建议》，大力号召全社会节约用水，以色列政府的宣传使得节水意识深入人心。

在以色列，水委员会是全国水资源管理的专门机构，其主要职责是制定水政策、发展规划、用水计划和供水配额，以及水土保护、防治污染、废水净化、海水淡化等有关水资源开发与管理的具体工作。委员会内设有一个理事会，成员中的 1/3 为政府部门指派，2/3 为各行业的用水户单位代表，该理事会的重要职责之一是每年制定分配不同用水户的用水定额。除水委员会外，以色列还有两家国有公司参与水资源管理。一是水规划公司，其主要任务就是负责全国和地区性主要水利工程和水利设施的设计；二是麦考罗特公司，负责全国输水系统正常运行和管理，保证按季节和月份配额将水及时地输送给用户，保证所有地方的正常用水，以及开发新水资源。此外，以色列涉及水资源管理的部门众多，如农民的配水量和水价由农业部确定，而地方的水价由内政部确定。财政部负责对所有的水价进行审批。卫生部负责确定水质标准和污水的净化标准，以及为污水灌溉颁发许可证。环境部负责制定防止水污染的法规，以及为向大海排污颁发许可证。此外，其他一些机构如公共服务管理局、流域管理局也涉及水行业管理的一些方面。这些部门及工作人员相互协调，共同治水。

以色列实行有偿用水制，实施用水许可证和配额制，根据用水量和水质来确定水价和供水量，用水总量越少单价越低，总量越多单价越高，以此来鼓励节约用水。政府对城镇居民用水及农民用水实施阶梯价格。农业生产用水量大，在用水额度 60% 以内水价最低，用水量超过额度 80% 以上，水价最高。城镇居民用水价比农民用水价高出许多，并且根据 3 种梯度价格收费，最高价格比最低价格高出近一倍。以色列政府为 4 口之家规定的每月用水额度为 30 吨，其中 16 吨以内价格最低，超过 30 吨以后价格最高。由于水泄露造成的水费损失，由地方政府承担；地方政府及时解决了水泄露问题，有权向用水户按照一级水价收取相应的水损失费。此外，以色列政府还按总用水量的 1/3 收取污水处理费。为鼓励再生水的使用，政府确定了低廉的再生水价格。

6.1.6　新加坡

新加坡是一个占地 660 平方千米，拥有 410 万人口的城市化国家。同时也是水资源十分短缺的国家，水资源总量为 6 亿立方米，人均水资源量仅 211 立方米，排名世界倒数第二。目前有超过 50% 的供水来自邻国进口。新加坡公共事业局是国家水务管理机构，负责新加坡自来水供应、污水收集和处理系统的事务，公共事业局工作的主要目标是以最经济的成本保证新加坡的居民和生产用水，保证经济的稳定和繁荣。新加坡每天需要1.25 万立方米的用水量。公共事业局下的水务署具体负责水资源管理。水务署共有 1 800 员工，负责管理 14 个蓄水池供水系统和 9 个污水处理厂以及 4 500 多千米的输配水管网系统。新加坡有完善的雨水和污水收集管网系统，并且和污水处理厂连接，有足够的能力处理污水。生活污水主要是来自家庭做饭洗衣等活动，也有来自餐厅、宾馆和商场的污水。商业污水的排放主要来自制造业，对商业污水排放新加坡有明确的规定。

新加坡的水价中包括供水费、水保护费、污水处理费和卫生装置费。水价政策具有以下特点：水价须保证每年水销售收入能够支持水务系统的所有费用（包括日常开支、折旧、利息和一定合理比例水设施开发费用）；水价必须能够支持一个可以接受的固定资产回报率；水价需反映一定的社会目标（如规定对每月 40 立方米以下的生活用水实行较低的价格）；水价也需明确反映水的供求关系。在新加坡水被认为是一种经济商品，而且所有用水户都必须按用量计费。新加坡是水供应系统效率和水价机制实施最好的国家之一。

新加坡的供水费和污水处理费全部由用户承担，供水和污水处理费由公共事业局统一开票统一征收，水费和污水处理费的征收标准主要依据水消费量和不同的客户类型（表 6-3）。对居民用水，用水量每月在 40 立方米以内，供水费为每立方米 1.17 新元，水保护税为供水费的 30%，污水处理费为每立方米用水量 0.30 新元；每月用水量超过 40 立方米，供水费为 1.40 新元，水保护税按照供水费的 45% 比例征收，污水处理费为 0.30 元/立方米；非居民用水供水费按照每立方米 1.17 新元的标准，水保护费为供水费的 30%，污水处理费为 0.60 新元/立方米；运输用水为 1.92 新元/立方米，水保护税按照供水费的 30% 征收，不征收污水处理费；对居民和非居民用户，每个月每个设施需要缴纳 3 新元的卫生装置费。

表 6-3　新加坡的水费类型

水费类型	消费量 （立方米/月）	供水费 （新元/立方米）	水保护税 （供水费百分比）	污水处理费 （新元/立方米）	卫生装置费
民用	1~40	1.17	30	0.30	每个月每个设施
	高于 40	1.40	45	0.30	3 新元
非民用	所有情况	1.17	30	0.60	
运输	所有情况	1.92	30	—	

数据来源：根据亚行网站整理。

对于商业排放的污水须达到一定的标准才能排入生活污水收集管网（表 6-4），如果超过标准需要按照 BOD 和 TSS 浓度的高低收费，浓度越高，费用标准越高（表 6-5）。商业污水 BOD 或 TSS 浓度超过 4 000 毫克/升，必须经过处理才能排入公共下水道。

表6-4　商业污水排入公共污水收集管网的限制标准

单位：毫克/升

分解项目	公共下水道	河道	受控河道
生化需氧量（5天20℃）	400	50	20
化学需氧量	600	100	60
总悬浮固体量	400	50	30

数据来源：根据亚行网站整理。

表6-5　新加坡商业水费价格

浓度（毫克/升）	费用标准（新元/立方米）	
	BOD	TSS
400～600	0.21	0.15
601～800	0.42	0.30
801～1 000	0.63	0.45
1 001～1 200	0.84	0.60
1 201～1 400	1.05	0.75
1 401～1 600	1.26	0.90
1 601～1 800	1.47	1.05
1 801～2 000	1.68	1.20
2 001～2 200	1.89	1.35
2 201～2 400	2.10	1.50
2 401～2 600	2.31	1.65
2 601～2 800	2.52	1.80
2 801～3 000	2.73	1.95
3 001～3 200	2.94	2.10
3 201～3 400	3.15	2.25
3 401～3 600	3.36	2.40

注：BOD为5天20℃下的生化需氧量，TSS为总悬浮固体量。

数据来源：根据亚行网站整理。

水在新加坡是公共财产，国家有一套非常完整的法律体系，并严格执行以防治水污染，保护水资源。具体的法规有：《环境污染控制法》对污水和废水排放的污染建立了明确的指标限制，如：温度、BOD、COD、 pH、TSS 和 28 种化学品；《废水和排水系统法》明确规定了公共事业局和排水系统的有关责任；还有《环境公共健康条例》、《公共设施条例》等规范水资源管理。对超标排放的污水采用罚款的手段，如第一次超排的最大罚款为 5 万新元，第二次或多次超排每次最高罚款为 10 万新元。新加坡供水和污水处理服务方面充分考虑低收入家庭，保证低收入家庭的用水，主要是采用政府对低收入家庭的补贴。主要形式有两种：一是给予一定的折扣；二是政府转移支付。

6.1.7　日本

日本也是一个对供水和排水进行统一管理的国家。日本是一个水资源相对短缺的国家。为了解决水资源短缺和环境污染问题，满足人们生活和经济发展对水资源的需求，日本形成了自己的水资源管理体系。日本对水资源实行中央和地方两级管理，中央政府和地方政府有明确的职责分工。中央政府负责制定和实施全国性水资源政策，制定水资源开发政策和环境保护政策；地方政府在中央政策的框架下，实施负责供水系统、污水处理系统、水务机构的运营、维护和管理，对水质进行检测，对私营机构进行监督，保证污水处理达标排放。

日本在水资源管制中主要采取经济手段和行政手段。经济手段包括确定水价、提供补贴、开展水权交易、允许私人部门参与和开展特种税。采用的行政手段主要包括依法分配水权、实施环境质量标准、检测水质并公开数据、实施工业用水排放标准和对公众展开节水教育。

日本对水资源管理实施中央政府补贴政策。在水务相关的中央政府预算中，35％用于污水处理设施建设，新的污水处理设施建设费用的50％～55％的资金由中央政府提供，地方政府负担 40.5％或 45％，即政府为污水处理设施建设提供 95％的资金支持，这些资金主要来源为国家税收、发行政府公债和政府低息贷款。其余 4.5％或 5％的污水处理设施建设费用由受益人支付。污水处理设施的运营和维护，主要是通过水费来承担。污水处理费主要由最低收费和增容收费两部分组成。其中最低收费标准采用定额收费制，即无论用户排放污水量多大，都统一收取一笔固定的费用，而增容费则实行累进制。如东京的污水处理费见表 6-6。

表 6 - 6　东京污水处理费价目表

等级（立方米）	价格（日元/立方米）
0～8	560（固定费用）
9～20	110
21～30	140
31～50	170
51～100	200
101～200	230
201～500	270
501～1 000	310
1 001 及以上	345

数据来源：根据亚行网站整理。

　　为了改善水务管理，在过去的几十年里，日本建立起来一套完善的法律框架体系。主要包括：水资源开发总体规划；与水资源开发相关的设施建设，包括政府补贴的建设项目；水权与水交易；水务企业的运营与管理，包括私营部门通过签订合同参与运营和管理企业；水环境保护。

6.1.8　澳大利亚

　　澳大利亚是一个国土面积较大而人口相对较少的城市化程度较高的国家，80％的人口居住在城市。澳大利亚气候干燥，三分之一的面积是沙漠。随着人口的增长，水资源日益缺乏，水资源保护已经成为影响澳大利亚经济和社会发展的焦点问题。

　　澳大利亚的水资源管理责任都在州政府，水和污水处理也都由行政区域的州管辖。涉及水供应和污水处理设施的公共事业单位在澳大利亚最多，大部分都是属于州和地方政府所有，私人参与的很少，这导致澳大利亚的供水和污水处理设施的运行效率很低。1995 年澳大利亚对供水和污水处理领域进行了改革，这些改革包括水价、水权及其交易、环境安全、机构改革、公共咨询和教育研究，而且州政府鼓励私人参与供水和污水处理业务，确保国有企业和私人企业之间的公平竞争，这为私人企业进入水务领域提供了大量的机会。水价改革主要目标是采用全成本收回的定价方式，取消政府补贴；成本须透明；定价由独立机构采用民主和透明度方式做出决策。改革的结果是水价明显下降，透明度增强，虽然城乡之间、居民和商业的交叉补贴依然存在。

在南澳，整个供排水的企业主要由南澳水管理有限公司管理，该公司作为一个整体对南澳政府负责。南澳政府的环境事业部直接管理南澳水管理有限公司，环境事业部负责受理水管理有限公司提高水价的申请，并要求提出正当的理由。环境事业部可以听取竞争委员会的建议，并报内阁决定。水价的计算必须考虑适当商业服务的目标成本为基础，这也包括州政府直接投资利息回报的增加。因为水资源管理公司的投资主要来源于州政府，政府的投资利息也能促使水费的增长。州政府也有责任确保水管理公司的投资不对公众造成不合理的负担。服务成本不考虑通货膨胀因素。水费价格的决策来自公共健康委员会，要求通过提高生产率来降低基础服务价格的压力。

水价设置要基于市政府行政操作的有效性。政府在与水管理公司的合同中明确规定了水价的固定费用和变动费用。这些费用每 5 年根据生产率的情况调整一次，对居民的水费是基于计量而收取固定费用和变动费用，污水处理费和水费在同一张账单上。如在悉尼（表 6-7），对家庭用户，每季度支付固定的水费 18.75 澳元，变动费用为按流量每立方米 0.942 2 澳元，生活排污费和雨水处理费按每季度固定费用收取，分别为每立方米 82.09 澳元和 5.25 澳元。假如每季度用 20 立方米水则共需要缴纳 163.3 澳元的水费。

表 6-7　悉尼的水费结构

季度服务费	供水费	污水处理费	雨水排泄费
1. 居民用户			
固定费用①	18.75	82.09	5.25
水表量度最低费	77.61	82.09	5.25
单位费用②		82.09	5.25
2. 非居民户			
（1）固定费用	18.75	77.50	15.30
（2）加供排水量			

（续）

季度服务费	供水费	污水处理费	雨水排泄费
（3）加超过评估资产③	0.000 0	0.095 3	0.167 8
3. 使用费（每立方米）			
供水	0.942 2		
污水（非居民户）		1.090 7	

注：①即使没有用水也要交雨水排水费；②单位费用是根据管网的流量计量的；③超过评估资产指每年评估超过 2 500 澳元的资产价值。

数据来源：根据亚行网站整理。

表 6-8　非居民用户季度费用表

单位：澳元

用水量	供水费	污水处理费
基本费	18.75	77.50
20	18.75	77.50
25	29.30	128.27
30	42.19	184.72
32	48.00	210.17
40	75.00	328.39
50	117.19	513.11
80	300.00	1 313.58
100	468.75	2 052.47
150	1 054.69	4 618.09
200	1 875.00	8 209.93
250	2 929.69	12 826.56
300	4 218.75	18 470.25

数据来源：根据亚行网站整理。

　　水管理公司在确定水费目标的时候也是以成本收回为原则。这包括了所有的运行成本、水处理设施生命周期内的投资成本和投资生命周期内的投资回报率，投资回报率一般为投资成本的 7%。关于全成本收回是否包括环境成本和社会成本在南澳还是一个有争论的问题，但随着对环境的重视，全成本的概念中将包括环境成本和社会成本。

在南澳，居民没有直接参与水的管制，他们也不能通过申诉反对水价的增长，当然他们可以向调查政府官员舞弊行为的官员提出抱怨来要求政府提供好的公共服务。南澳对水管理公司实行直接的管制，这是基于商业和民生直接平衡的考虑。政府也考虑为穷人减免水费，如悉尼，每年符合条件的家庭可以获得320澳元的水费折扣，享受折扣的人主要包括残疾人和因战争而成为寡妇的人，享受折扣的这些人需要经过政府的审查批准。

6.1.9　印度

印度是个水资源短缺的国家，涉及水资源管理的行政机构，主要有国家水资源委员会、中央水委员会、水资源部、农业部、中央水污染防治与控制局、联邦防洪局。据印度宪法，水资源、灌溉由各邦管理，不同邦有不同的规定。中央政府在水电和航运上起主导作用，负责调整邦际河流的流域开发，但在灌溉方面权力有限。

印度《国家水政策》对用水优先权做出规定，从高到低依次为：生活用水、工业用水、农业用水和水力发电。在执行的过程中各邦往往根据自身的实际情况做出相应的调整，这主要是由于印度的水资源管理实际上是由各邦负责和承担的。

印度的水价分为非农业水价和农业水价。非农业用水中的商业和工业用水，采用服务成本定价模式，家庭用水和农业灌溉水价采用用户承受能力定价模式；农业灌溉水价的制定和征收由各邦政府负责，灌溉水费与灌溉工程的运行维护费用之间没有直接联系。印度的农业用水成本主要由两大部分组成：①水利设施的运营和维修成本；②水利设施的部分投资成本。同时，印度法律也规定水费不得超过农民净收入的50%，一般控制在5%～12%。农业水费以作物面积以及作物种类为基础进行征收，对不同作物征收不同的水价，以此为基础，再依据作物面积来征收水费。但是，由于计量设施的不完善，印度农业水费的征收基本上没有明确按用水量进行计算，而是以作物种类粗略估算灌溉水量。印度主要邦不同作物种类的水费和水价见表6-9。

表 6 - 9　印度主要邦不同作物种类的水费和水价

邦　　名	水稻		小麦		甘蔗	
	水费	水价	水费	水价	水费	水价
	（卢比/公顷）	（美分/立方米）	（卢比/公顷）	（美分/立方米）	（卢比/公顷）	（美分/立方米）
比哈尔邦	175	0.16	150	0.07	370	0.05
古吉拉特邦	125	0.11	110	0.06	830	0.12
哈里亚那邦	113	0.1	91	0.04	148	0.02
卡纳塔克邦	86	0.08	54	0.03	370	0.05
中央邦	197	0.18	247	0.12	742	0.11
马哈拉斯特拉邦	320	0.28	320	0.16	4 230	0.63
奥利萨邦	100	0.09	85	0.04	250	0.04
拉贾斯坦邦	99	0.09	74	0.04	143	0.02
泰米尔纳德邦	37	0.08			49	0.01
北方邦	287	0.26	287	0.14	474	0.07
孟加拉邦	37	0.08	49	0.02	370	0.05

6.2　国外污水处理费价格管理实践比较

6.2.1　价格管理机构设置的比较

　　以上不同国家的污水管理的经验表明，排污系统和污水处理系统几乎都是由地方政府或者是基于流域进行管理的。这是为了保护公众的健康这个基本目标而自然形成的。在早期，市政当局从中心城市收集污水，并通过管网系统输送到城市下游的污水处理系统，从而保护或者至少减轻对环境的污染。

　　首先，传统的污水处理总是被认为是一个公共服务业，这是一种普遍的共识。虽然"谁污染，谁付费"的原则以及其他环境经济的原则已经得到认可和重视，但是污水处理服务在许多国家被认为是一种公共服务项目，包括中国在内。其次，大多数国家只有一个国家级（部级）的负责环境保护和维护环境改善的机构。如美国的环境保护局英国的环境署，专门负责环境标准的制定和对环境进行监管。第三，大多数国家都认为应该加强环境和水资源的管理，特别是通过制定战略计划来加强水域的管理。如美国的马萨诸塞州水资源管理委员会和英国的流域管理委员会，都是从流域整体实施对水资源的监管。美国和加拿大有个共同的特点是对污水系统进行分开管理的，当地的污水收集、输送和处理系统是分割的；在其他的国家则进行综合管理，即污水的收集和处理是进行统一管理的，这种形式在越来越多的国家被接受。许多国家也走了从分割到统一管理的道路，促进了污水收集和处理效率的提高。其中，机构变革最激进的国家当属英国，在 1974—1989 年的 15 年间，污水处理系统经历从高度分散的地方政府管理到只有 10 个私有化的公用公司负责污水处理，且在效率和服务方面取得了很大的进步。

污水管理的机构设置主要有三种模式：一是政府直接管理；二是污水处理公共设施实行单独管理；三是供水和污水统一管理。大多数国家的雨水管网和污水处理是合并在一起的，但是新加坡例外，其污水收集和雨水收集是分开进行的。污水处理设施所有权可以是政府所有，也可以是私人所有。私人参与污水处理的形式主要有：全部私有化（如英国）；委托经营模式（如法国）；BOT模式；管理和服务外包模式。污水处理的管理范围有：基于行政的区域的管理；基于流域的管理；地方政府和上级部门多级分别管理。

国家在污水服务管制中扮演着两个基本的角色。首先是价格管制，特别是强调通过价格管制来防止垄断者获得超额的利润；其次是环境管制标准的设置，监督和强制执行环境标准。

越来越多的国家鼓励私人资本投资和经营污水处理设施。这包括外包、出租和全部私有化等各种形式。

从以上国家对污水管理的机构安排来看，没有哪一种形式是最好的成功模式。然而从以上各个国家的实践也能看出，污水处理系统管理的成功的一些要素：①水资源管理应当以流域进行管理；②通过给污水处理设施经营者更多的财务自主权和转移成本能够使污水处理管理效率得到提高；③污水的收集和处理统一管理可以增强运营的效率；④私人投资污水处理可以提高污水处理行业的服务，降低成本，提供多元化的投资结构；⑤私人或自建的污水处理设施必须进行有效的监管；⑥政府的管制和污水处理厂的管理要分开，才能使环境管制和经济管制更有效，要分清政府的职能和企业的职能。⑦政府定价是一种管制的方法，既适用于公共领域也适用于私人领域，私人进入公共领域应当得到更多的激励。⑧政府定价的基本目标是为公共事业的有效管理提供可行的商业氛围以及保护用水户的现实和潜在的利益；⑨有效管制的基本原则是合作、独立和透明；⑩污水处理厂要服从公司法和环境法，违反法律要受到处罚；⑪违反法规要执行更严厉的措施；⑫污水处理费和水费合并征收，有利于提高征收的效率，让消费者明确自己用水的同时也造成了水的污染；⑬通过扩大规模等合理化的意见和建议提高污水处理效率。

6.2.2　污水处理价格水平与结构

从以上国家对污水处理行业的价格水平管制来看，政府都通过一定的方式来限制污水处理企业获得超额的利润，通过各种定价方式和法律手段使污水处理企业的回报率保持在适当的水平，并根据实际情况确定了相应的费率结构。

英国污水处理费的结构和费用详细目录主要由污水处理公司来决定。但是必须符合英国法律规定的原则和英国水务办公室设置的价格上限。每个水务公司必须向水务办公室提供污水处理费和最高限价相比的细节（即费用篮子）。居民生活污水处理由两部分组成：①按基本管网计算的固定费用；②按财产税或者水消费量计算的变动费用。非居民污水处理也是由两部分组成：按水供应收入计算的年固定费用和按水消费量计算的流量费用。工业废水收费的计算公式开始是在伦敦西部采用的，后来被广泛采用，这就是著名的"Mogden"公式。这个公式后来得到许多国家的认可，并在计算工业废水处理费中得到应用。

污水处理费＝基本处理费（收集、运送和基本处理费）＋COD 处理费＋SS 处理费＋氧化处理费＋污泥处置成本

这个公式的原理是整个工业废水排放不仅考虑管网运输的费用，而且还应当包括附加的氧化成本和污泥处置成本。大多数行业是按照 BOD 和 COD 的浓度分级来计算污水处理费的，没有考虑所有要素来计算污水处理费。

在德国，污水处理费水平是按照成本收回的原则来制定的，而且水费

和污水处理费必须覆盖所有的供应和处理的环节。全成本覆盖包括四个关键要素：费率的等级是按照用水户的各自群体来考虑成本的；费用包括基本建设成本和运营成本；投资回报率必须设定在一个可以接受的范围内；费用必须考虑污水处理的可持续性。这些原则导致了费率和英国的两部制费率（公共事业费率）基本相似，大部分用水户支付一部分固定费用和一部分流量费用。在德国污水处理费也是根据用水量的多少来计费的。德国的污水处理费和水费是全世界最高的。这都归于其较高的环境质量标准，但也有一部分是由于效率比较低的缘故。工业污水处理费的征收还考虑了排放的流量、污染的程度和行政管理成本等因素。

在美国，污水处理费不同城市计算方式有差异。例如：在波士顿，污水处理费采用的是十级阶梯式累进费率结构，按照消费量分为 10 个等级，随着流量的增加而增加，最低和最高费率相差 10.4%。在洛杉矶，居民收到的水费、污水处理费和电费在一个账单上，这个账单由洛杉矶水电管理部门制作并向用户收取费用，然后转交给卫生设施部门。除了用水大户，一般客户每两个月收到一次账单，用水大户按月收费。6 个用水户分为一组，每户水费和污水处理的费都是按照水表进行计量的，但是也允许采用其他辅助计量的方式。漏损部分在组之间分配，另外，水费的价格也考虑季节的因素而发生变动。允许工业污水排放到公用污水管道，但是BOD 和 SS 超标的必须再付费。雨水排放的处理费来自于财产税，纳税人平均每年支付 24 美元用于雨水排放污染的治理。

在加拿大温哥华，水供应和污水处理是分开的，所有的工程固定资产技术维护、税收和费用都是由政府负责管理，用户承担的费用主要包括运营费用、维护费用、资本费用、债务利息。政府通过税收获得的资金总是超过预算成本，剩余的部分作为一种储备用于将来资金不足的补充。在 2000 年 7 月以前，污水处理费完全来自于财产税，从 2000 年 7 月开始，温哥华开始执行由消费者支付生活污水处理费，在 2001 年大约 43% 的生活污水处理费来自用水户缴纳的费用；57% 还是来自于财产税，通过财产税获得的污水处理资金主要用于污水处理和公共卫生基础设施建设以及雨水管网的建设。在多伦多，水费和污水处理费是一起征收的。污水处理费在水费中占 55.85% 的比例。水费和污水处理费全部来自于用水户。费率的结构相对简单，对非读表用户采用平均的污水处理费标准，费率主要是由已经采用的设备价值和家庭成员数来确定。多伦多市准备用三年的时间完成为非读表用户安装水表。读表用户的费率基本上采用单一的费率。

在新加坡，水费和污水处理费是基于读表和分类征收的。用户主要分三类：居民、非居民和商业。对居民用户主要采用两级费率，每月用水40立方米以内采用基本费率，每月超过40立方米用水户，超过部分要承担较高的费率；对非居民和商店主要采用平均费率。污水处理费也是基于读表数而收取的，对居民用户每立方米0.3新加坡元，对非居民用户按照每立方米0.6新加坡元征收。《工业污染物排放条例》规定了工业用户严格排放标准，限制工业污水排放到生活污水管道。达到排放费标准一般不额外加收费用。排放标准也是根据BOD、COD和TSS指标来确定。

在澳大利亚悉尼，居民水费是由每季度18.75澳元的固定费用和按流量每立方米0.9422澳元组成，居民的污水处理费是按照每季度固定费率82.09澳元收取，雨水按照每季度5.93澳元来收取。每季度平均消费大约163.3澳元或每月支付54.43澳元。依据这个消费水平，每季度由88%的固定费用和12%的变动费用组成。非居民的水费是按照用水规模确定每季度的固定费用，然后再根据流量每立方米0.9422澳元计算。污水处理费是根据用水规模加财产税来计算（按每澳元0.0953分征收），每天排放超过1.37立方米按照流量征收。雨水也是按照固定费用和财产的价值来收取。根据1988年的工业废水政策，工业用水采用"谁使用、谁付费"和"谁污染、谁付费"的原则。每个用水户都要想着去采用一些激励措施降低工业废水的排放，包括污水的集中排放。

在东京，所有负责污水处理的上市公司和污水管理局都属于政府管制。所有的居民和产业都是采用基于读表的累进的方式收取污水处理费。每8立方米为一个费率等级，超过的部分都是按照超过每一等级后按每立方米计算。环境部已经为东京的污染控制制定了一个总的水污染控制计划。这个计划严格限定了每个工业企业的COD排放总量和不同时期的排放标准。如果工厂排放的污水在限制的范围内，只需支付累进的污水处理费，如果超过了限制排放标准，工厂将受到严厉的惩罚。

总之，虽然污水处理费水平和结构有多种形式安排，但政府都是采用直接征收污水处理费的方法，而较少采用通过征收一般税或财产税的间接方式来获得污水处理所需资金。确定污水处理费时都有严格的机构审查。在英国、德国和澳大利亚采用两部类污水处理费结构，固定成本的分配是严格管制的，这是高稳定性的结果。在向居民征收污水处理费时，一般都是按照自来水的消费量和适当的费率计算污水处理费，在一些城市，是按照固定的费率来确定污水处理费的，如悉尼。对非居民征收污水处理费，一般是基于统一测定的费率按照水的消费量来征收，但比居民用户有更严格的限制，流量主要是根据水表来确定。在大多数国家，污染物质负荷是在居民用户承受之上的，或者是超过规定上限的，用水户被要求取得排污许可才行，排放的污水还不能超过规定的污染标准，比如对宾馆、洗衣房和医院，都要求排放污水必须达到相应的标准。当然也有变通的处理，如果超标排放也可以根据超过的标准（一般通过测定 BOD、COD 和 TSS 指标）和流量，加收污水处理费。

在大多数国家，在征收居民和非居民的供水费和污水处理费时，都是根据水表的消费量统一开票统一征收的。供水费和污水处理费统一合并征收不仅可以降低成本，而且可以通过截断供水迫使水使用者缴纳污水处理费。大多数国家污水处理费征收的原则是全成本收回。也就是说，不需要通过税收资源来补贴。美国和加拿大都没有直接确定投资回报率，污水处理设施的费用主要包括日常运营支出、财务费用并考虑扩建和重建所需的资金。虽然不追求高利润，但所收的污水处理费需满足运营成本、财务费用和后续发展的要求。

基于污水处理费征收营业税或者增值税，在不同的国家采用的政策不同。比如澳大利亚对供水和污水处理免征增值税。还有，世界上大多数国家都通过一定的福利政策来补贴穷人，污水处理公司也会通过折扣的方式来减免穷人的污水处理费。

6.3　国外实践经验对新疆城镇污水处理价格形成机制的借鉴

通过总结以上国外污水处理行业的定价方法和政策，无疑对新疆城镇污水处理价格形成机制产生良好的借鉴作用。

6.3.1　完善调控政策，加快政府职能转变

中国污水处理要实现市场化和产业化，形成竞争格局，首先，政府应当完善调控政策，由原来的直接管理，转向间接的管理；由原来多采用行政手段转向更多采用经济手段，站在中立的角度，平衡政府企业和用水户的关系，定价行为也可以交由第三方做评估。其次，应当明确污水处理定价的政策目标。只有明确了定价目标才能确定合理的价格水平和价格结构，并通过一系列切实可行的政策措施来实现这一目标。国际上普遍可接受的最好的污水处理定价目标是实现全成本收回。全成本包括污水收集、输送和管网系统的成本，也包括环境成本和社会成本。污水处理系统的运行费用全部来源于为用户服务所收取的污水处理费。只有全成本收回机制才能满足污水处理系统长期的可持续的运行。这个目标的确定对污水处理行业长远发展具有决定性意义。

中国现在污水处理行业监管中，负责城市污水处理的宏观管理的政府部门既是污水处理政策法规的制定者，又是污水处理行业的监管者，而且监管职能由众多的相关机构实施，这些机构既要负责行业规划又要对污水处理行业进行监管，从而导致政策职能和监管职能合二为一，造成"政监不分"和"多头监管"，使监管职能具有"错位"与"缺位"共存的缺陷。要成立专门的监管部门，明晰权限和职责，真正起到监管的作用，同时要建立一个群众参与机制，完善听证会制度，保证公民的积极参与。

6.3.2　科学合理地制定污水处理服务价格

中国长期以来把污水处理行业当成一个公益性行业，所以一直实行免费或很低的污水处理价格政策。污水处理费主要满足污水处理厂的日常运营，远远低于由投资成本和运营维持成本所构成的处理成本。这不仅造成了污水处理厂由于缺乏资金而难以可持续发展，也造成了低水价，使居民和企业的节水意识淡化，造成水资源的浪费和污染。污水处理服务价格确定的合理原则主要包括：财务的可持续和全成本收回；保持经济效率；平等的原则和"谁污染谁付费"的原则；行政管理的高效；承受能力的全面评估。

1. 财务可持续和全成本收回

财务可持续是污水处理价格设计的最重要的原则之一。它的确定和应用主要是由于污水处理要有完整的基础设施和管理机构。城市必须有污水处理厂，有了污水处理厂才能名正言顺地收费，并保证污水处理设施的正常运行。而且污水处理费能够满足未来污水处理厂的扩建和重建。这也要求每个污水处理厂要有良好的现金流、承担债务利息的能力。为了实现财务的可持续，污水处理厂就需要预测一定时期的现金流，以至于污水处理费的水平和增长幅度能够实现财务的可持续。现金流主要包括日常的运营成本和偿还债务的能力（包括利息和本金），这是最基本的保证。

全成本的概念不同阶段可能定义不同，全部供给成本包括资本成本和运营维护成本；全部经济成本包括全部供给成本和机会成本；全成本包括全部经济成本和外部成本。全部供给成本是基础，数据主要来源于污水处理企业的会计数据，主要是历史成本。如果这些数据是有效的，并考虑了通货膨胀和技术因素在内，可以认为是全成本。也就是说基于历史成本的现金流，因为有通货膨胀和技术进步等因素，必须根据现实情况给予折扣，才是真实的全成本的概念。这包括对固定资产的折旧方法的选择。

投资回报率主要是指污水处理企业税息后净利润和净资产的比值。一般来讲，投资收益率应当高于同期的贷款利率，假如这种投资回报率能够确定，就说明投资相对来说是没有风险的，但是这种风险也要考虑地方经济环境的稳定性，如果经济变化太快，包括通货膨胀波动程度，对投资收益率都有较大的影响。

2. 经济效率和边际成本

经济效率的主要目标是促进资源配置的使用效率。一个基本的观点是，如果资源配置实现了帕累托最优，就说明资源配置是有效的。当边际收益等于边际成本时，是资源配置的最优价格。如果边际成本小于污水处理厂的短期变动成本（包括药剂、电力、工资和其他的运营和维护成本），就说明企业不能正常持续运转。如果边际成本能确定，再加上固定成本就能够计算出全部收回成本。

3. 公平负担和污染者付费的原则

公平负担是指污水处理费的征收要做到"公平合理"，即污水处理费对不同的用水户来说，要根据其产生的污水数量和污水的浓度来确定负担污水处理费的多少。公平负担的主要体现就是"谁污染、谁付费"的原则。这是经济合作发展组织（OECD）1972 年提出的，公共管理部门应当采取措施让污染者负担起因污染而应当承担的费用，使环境处于一种可接受的状态。简单地说，就是人们应当支付其排污所造成的污水必须经过处理所花费的支出。污染者付费的原则也能够激励人们去实现保护环境的权利，这不仅包括污染者应当支付污水处理费，还应当支付包括未经处理而造成污染的费用。

4. 高效的行政管理体系

污水处理费也要能在许多方面促进政府的高效管理，政府制定的费率对消费者来说应当是清晰的和容易理解的。以至于消费者能够理解政府给其提供了哪些服务，收取了哪些费用。同时不管是单笔费用还是总额，也是应当容易计算的。这样可以避免收费人员从中收取多余的款项，也避免了不合理费用对消费者造成的不合理负担。费率的等级、目录等都应当是清晰的，费率也应当考虑企业的长期决策，特别是考量投资决策和长期发展。费率在变动的时候政府要让消费者参与听证。

5. 价格可承受能力的测定

承受能力是一个社会政治概念，不是一个经济概念，因此，承受能力应该由政府或者国家来确定而不是由企业来确定。承受能力也是一个相对的概念，企业为社会提高好的产品和服务，社会有也有责任和义务为企业提供好的环境。对于污水处理而言，企业和消费者都是为了良好水环境而做出努力。世界银行研究认为，一个居民家庭对水费和污水处理费的承受能力是其家庭月收入的 5％。一般的社会经济调查，对承受能力的测定都是选取平均和穷困家庭对水最低需求的调查而得到的。政府可以通过福利补贴的方式来为低收入家庭提供水服务补助。

6.3.3　建立有效的成本约束机制

污水处理价格水平的确定的核心问题是控制成本，管制者如果难以掌握被管制企业的真实成本信息，可要求污水处理企业按照实际经营情况上报所发生的成本费用。

目前，中国还没有专门的污水处理企业方面的会计制度，污水处理企业按照通用的会计制度进行成本核算，但通用的会计制度很难准确反映污水处理行业的成本信息。财政部首先应当针对污水处理行业的特点，根据污水处理行业的政策、会计通则和标准制定具体的污水处理行业具体的成本准则、规则等；并具体负责监督污水处理企业实施。通过明确界定污水处理企业的成本范围，对列入成本范围的项目开支确定合理的量化标准，使会计核算成本逼近真实成本。其次，按照发改委 2006 年 3 月 1 日起实施的《政府制定价格成本监审办法》和各级人民政府制定的实施细则对污水处理成本进行监审。成本监审是价格主管部门在制定价格过程中，在调查、测算、审核污水处理企业成本基础上核定定价成本的行为。成本监审应当遵循科学、规范、公平、效率的原则。

成本监审的过程中，要对定价成本进行分类，分出哪些是受人为因素影响大的，如：业务招待费、差旅费、办公费、修理费等，这些必须进行全面的审计，并与行业平均水平相比较，判断污水处理企业的开支是偏高还是偏低。对法律法规有明确规定的，如：固定资产折旧、住房公积金等，只要按照规章核算，符合法律规定就行。还要分析确定审计的重点领域，确定哪些成本是污水处理企业可以控制的，哪些是不能控制的，要重点管制那些企业可以控制的成本，通过横向比较和纵向比较的方式，审计其是否有异常，如果有，要让污水处理企业做出合理的解释，并进行重点审计。

6.3.4 健全立法，规范价格行为

中国政策已经明确规定，污水处理行业将深化改革、打破国有垄断，放松管制，走市场化的道路。市场经济的一个重要基础就是完善的法律法规。污水处理行业也应当有明确的操作性强的法律法规。而我国还没有一个完整的清晰的关于污水处理定价的法律。特别是污水处理费的定价程序要开放和透明，这也是提高污水处理行业价格管制科学性的重要制度保证。具体说来：①政府对污水处理行业的价格管制是为了平衡污水处理企业、政府公共责任（环境保护责任）、消费者与社会公众三方的利益。定价应当是三方博弈的结果，应当公平地对待各方利益。②污水处理定价的

程序和信息应当公开。信息的公开透明是解决三方信息不对称的主要方法，只要信息公开，特别是成本和价格信息公开，才能保证收费的正当性不会受到民众质疑，也使企业和居民缴费放心，收费政策执行，才能行之有效。

6.3.5　采用行之有效的监管技术和工具

国外在对污水处理行业的监管过程中都采用了行之有效的监管技术和工具，比如美国的投资回报率监管、英国的价格上限监管和法国的特许经营监管。这些监管技术不但能有效地控制污水处理的价格，而且能够激励污水处理企业挖掘自身潜力，进行技术改造，提高经营管理效率，降低污水处理成本，并为消费者提供良好的污水处理服务，改善了环境。而中国在价格监管的技术方面还存在许多问题，如污水处理价格制定不符合经济规律，统计技术和控制工具利用效率低等。这都是说明中国在污水处理的监管技术和工具上亟须改进和提高。

第七章　完善新疆城镇污水处理价格形成机制的政策建议

城镇污水处理系统是城市市政基础设施的重要部分，也是一个系统工程，涉及面很广也很复杂。新疆各市、县人民政府作为"治理城市"的主体，在规划、建设、运营污水处理过程中必须考虑的因素很多，从宏观层面看涉及：国家法律法规、政策、城市人口数量、人口结构、气候、环境保护、城市规划发展、产业结构、财政保障能力、社会舆论等；从微观层面看还涉及：处理工业、排污对象结构、排污标准、管网覆盖程度、投融资环境、经营成本变化以及其他配套辅助设施建设情况等。关于如何推动现阶段新疆污水处理工作，目前在新疆维吾尔自治区层面要做的工作很多，例如：新疆大部分城镇排水设施老化，功能不配套，管网渗漏严重，导致城区生活污水收集量和进水量偏低，污水处理设备不能满负荷运行，造成电力、设备等资源浪费，污水处理厂的运行成本难以得到有效控制。同时，新疆污水处理费标准一般与城市供水价格同步调整，受诸多因素影响，污水处理费均未调整到位，出现价格倒挂，价格杠杆作用难以得到充分发挥，收费标准调整的相对滞后和刚性成本的上升使得价格矛盾进一步加剧。但最关键的问题是要理顺价格机制。

目前，理顺价格机制，合理调整污水处理收费标准，是促进水污染防治，改善水环境质量的客观需要，关系到广大人民群众身体健康和生活质量改善；是提高污水处理水平，推进污水处理产业化、市场化的重要举措，对促进新疆城市水污染防治具有十分重要的现实意义。

7.1 政府牵头，以企业为主体，运用市场机制，治理水环境污染

城市水环境污染和流域水环境污染相互影响，互为因果，是中国水环境污染的主要特征。在流域范围内，各地区取水、排污行为具有很强的负外部性，而降低耗水量、治理水环境污染等行为却具有很强的正外部性。在当前流域管理机构权威缺失的情况下，各地政府从地方经济短期发展的本位主义出发，为了追求 GDP 最大化的政绩目标，总是包庇、纵容过度用水，低效率用水和超排污、不达标排污等行为，缺乏进行环境治理和保护的激励，并总是想方设法将由此导致的种种负外部性转嫁到中下游或者周边地区。各地方、各部门、企业、居民的经济利益目标与流域管理机构关于水环境保护与治理目标不一致，相冲突，后者的管理政策和行为成了"一厢情愿"的"一纸空文"。城市水环境污染和流域水环境污染相互影响互为因果。新疆水环境质量整体上呈现不断下降的趋势，水环境问题将持续恶化。解决问题的根本在于以立法和制度为基础，建立市场机制，以市场机制作为水环境污染的根本治理机制，以企业化即产业化为工具。

污水处理行业向社会提供公共服务，政府可以通过两种方式来履行该服务：一是政府直接提供，即政府直接投资并领导事业单位运营。二是市场提供，政府监管。即以追求自身利益的企业作为市场经济最基本的活动单元，依靠市场机制配置资源，代替政府提供公共服务，政府实施监管以确保企业收益和服务责任的实现。就污水处理行业而言，政府直接提供污水处理服务具有服务效率低、投资能力不足、政企合一、职能不清、管理落后等缺点。而这也正是中国污水处理行业市场化改革前存在的问题。为了提高污水处理行业的效率，中国污水处理行业要走市场化和产业化的道路。但是基于污水处理行业的特性，市场提供污水处理服务，不能脱离政府的监管。因为只有政府介入才能解决污水处理行业可能出现的市场失灵和正外部性问题，这样才能提供污水处理服务的高效和公正。市场提供服务也能使政府直接提供服务责任的负荷减轻，将更多的精力放到政策制定和监管职能上，以保证水污染得到治理，清洁的水环境受到持续保护。

国家鼓励与发展基于流域一体化运营模式的市场化污水处理服务，鼓励社会资本投入污水处理行业，将有效地提高流域内污水处理率和污水处理量，能够有效地降低流域水污染，促进流域水环境治理。污水处理行业采取由市场提供服务，政府制定宏观产业政策并进行有效的监管，是污水处理行业高效健康可持续发展的路径。

在宏观调控政策方面，首先应当明确的是污水处理定价的政策目标。只有明确了定价目标才能确定合理的价格水平和价格结构，并通过一系列切实可行的政策措施来实现这一目标。国际上普遍可接受的最好的污水处理收费目标是实现全成本收回。全成本包括污水收集、输送和管网系统的成本，也包括环境成本和社会成本。污水处理系统的运行费用全部来源于为用户服务所收取的污水处理费。只有全成本收回机制才能满足污水处理系统长期的可持续的运行，这个目标的确定对污水处理行业发展具有长远的决定性意义。

7.2　以污水处理成本为基准，完善污水处理收费体系

新疆污水处理价格长期以来没有摆脱计划经济的影响，污水处理价格既没有与自治区水资源状况挂钩，自来水价和污水处理价格也低于供水和污水处理成本。供水和污水处理长期以来依靠政府补贴生存不能体现"污染者付费、补偿成本、合理盈利和公平负担的原则"。目前新疆绝大多数污水处理厂基本延续了这一运营模式。水价过低加剧了水资源的无序开采，同时也导致污水治理设施难以有效发挥作用，水污染使部分地区缺水状况恶化。根据水资源状况确定水资源价格、依据成本核定自来水水价和污水处理收费是市场经济发展的必然结果。污水处理费用是水价的重要组成部分，城镇污水处理价格政策也是推进污染减排和水务产业发展的主要政策之一。随着"十三五"污染减排的继续推进和城镇污水处理率的迅速提高，完善污水处理价格形成机制，以"分区分类分级"为原则，制定新疆城镇污水处理价格形成机制的政策体系已是当务之急。

提高污水处理收费对于促进污染减排、提高污水处理技术水平、促进水价改革具有积极的促进作用。但在污水处理收费的改革过程中，应汲取

水费政策成本核算的经验教训，规范污水处理成本的构成，严格核定污水处理成本，逐步提高污水处理费以及污水处理费占总水价的比重，使污水处理费超过或至少与自来水费持平。完善污水处理厂运营成本的科目划分，防止成本虚列，推动污水处理费的合理上涨。

从以污水处理成本为计费依据的角度来看，新疆的污水处理价格急需提高。第一个目标是国家发改委、财政部和住房城乡建设部已经下发通知确定污水处理收费的底线，即：2016年底前，设市城市污水处理费收费标准原则上每吨应调整至居民不低于0.95元，非居民不低于1.4元；县城、重点建制镇原则上每吨应调整到居民不低于0.85元，非居民不低于1.2元。近期由自治区政府效仿中央政府由发改委牵头，自治区财政厅、住建厅配合，出台了《关于合理调整我区污水处理收费标准的指导意见》，要求全区污水处理在2016年底达到国家要求的标准。已经达到最低收费标准但尚未补偿成本并合理盈利的，应当进一步提高污水处理费标准，形成合理盈利模式。第二个目标是达到自治区污水处理厂平均处理成本，即居民用水每吨1.3~1.8元（因处理工艺不同导致），非居民应更高。第三个目标是达到国家要求的"补偿污水处理和污泥处置设施的运营成本并合理盈利"标准，每吨污水再增加0.1元的污泥处置费和0.1元的合理盈利，即每吨1.5~2.0元。

新疆要对高污染行业和高浓度废水提高征收标准，着力改变一些地区污水处理对象分类不合理或者分类过于简单的状况，建立科学合理的收费分类体系，按照污染物类型以及污染程度合理分类污水处理收费对象。积极推行按污水污染程度分类、分档计价收费，重点提高工业污水、特别是重污染行业和企业的污水处理费收取标准。各地确定污水处理费的基本原则是要使污水处理企业达到保本微利水平，促进污水处理向产业化方向发展。

7.3　逐步提高污泥处置能力，循序渐进实行污泥处理收费

目前新疆的污泥处置基本上以卫生填埋为主，土地利用和焚烧处置所占比例较低。解决好污泥处理处置问题，将是新疆环境保护的重要工作之

一。现有的污水处理收费标准体系中没有考虑污泥的处理和处置成本，从长远来看，污水处理费应纳入污泥处理处置费用。根据处置方式的不同，目前每吨污水的污泥处置费用约在 0.015～0.5 元左右。由于征收污水处理费刚刚推行，而且收费标准较低，无法保证污水处理厂的正常运行。若加入污泥处理处置费用将在一定程度上加重企业和普通居民的经济负担，因此，污泥处置费用应随污泥处置设施的上马循序渐进征收，充分考虑企业和公众的承受能力，合理确定征收标准。

同时，为了鼓励再生水的使用，应以补偿成本和合理收益为原则，科学核定再生水供水成本，结合再生水的水质和用途，与自来水价格保持适当差价，按低于自来水价格的一定比例确定，引导和鼓励工业、洗车、市政设施、城市绿化及电力等行业使用再生水。

7.4 引入区域比较竞争机制，采取有效手段降低污水处理成本

新疆各地市的污水处理企业处于垄断经营，彼此不存在业务上和成本控制上的竞争，缺乏效率激励机制。而且由于过于分散化、数量过多的污水处理企业，使监管部门难以有效地管制污水处理经营。另外，污水处理收费定价是在污水处理企业成本监管的基础上进行的，但目前的污水处理费政策的主要问题在于污水处理费不能保证全成本覆盖，而且由于信息不对称的缘故，监管者对城市污水处理的真实成本不了解，地方监管部门通常以企业的实际成本为基础确定价格，这就使得企业缺乏降低成本、提供经营效率和投资效率的刺激。这是以单个企业实际成本确定污水处理费的弊端。

由于污水处理企业具有区域性垄断的特点，以外部环境基本相同的流域或区域为单位，对流域内污水处理企业之间引入比较竞争机制，通过绩效和成本的相互比较，打破区域内污水处理企业对经营成本和投资成本信息的垄断，使污水处理企业显示其真实的成本和降低成本的潜力，确定每个污水处理企业的污水处理价格和提高效率的目标，并逐步形成以行业标准成本为基础的合理监管价格，以促进污水处理企业降低成本，提高效率，改进服务。采用比较竞争机制，使得每个污水处理企业的污水处理价

格和利润不仅取决于自身的投资和成本水平，还取决于其他污水处理企业的投资和成本水平，污水处理企业要想获得更多的利润，就必须提高投资效率和运行效率，在保证服务的前提下努力降低成本。

科学测算各地未来的污水处理能力需求，以需建网，按需定能，避免污水处理设施建设规模的盲目扩张。污水处理厂应适度规模化建设，按照最佳效益规模原则，根据区域规划建设规模适当的污水处理厂，尽可能实现城市污水的就地处理和回用，减少污水集中输出和回用时的管道建设，降低处理成本。

不能采用盲目提高污水处理费征收标准的手段来解决目前污水处理收费不能满足污水处理运营成本的问题。要从影响污水处理成本的因素出发，研究降低成本的管理机制和方法以及低成本高效率去除污染物的技术，采取有效手段降低污水处理成本。

7.5　完善并有效执行污水处理价格制度体系，保障各方利益

1. 完善新疆污水处理收费资金征收和使用的管理办法，使污水处理收费资金征收和使用不仅有法可依，而且能够有效执行

凡是向城市排水设施排放废污水的取水用户（包括公共供水和自备水源），都必须缴纳污水处理费；对用户自建污水处理设施，其污水经处理后达到污水排放标准的，按照补偿城市排水管网运行维护费的原则适当核减污水处理费，其中要特别注意排查排入城镇污水管网的自备水源用户。在征收范围的认定上，必须明确城市排水设施的供应范围、设施规模、设施服务对象等细节，为清晰收费提供详细的第一手资料。中央政府已经出台了《污水处理费征收使用管理办法》，自治区出台了《关于合理调整我区污水处理收费标准的指导意见》，应该在此基础上，出台相依的细则，让新疆的污水处理征收管理更具有操作性。各地市也应该完善相应的制度，保证价格形成机制切实可行。

2. 建立健全污水处理成本的监审制度

控制污水处理费征收标准的核心问题是控制污水处理成本，政府如果

难以掌握污水处理企业污水处理真实成本，就可能出现成本虚增的现象。明确界定污水处理企业的成本范围，对列入成本范围的项目开支确定合理的量化标准，对定价成本进行分类，分出哪些是受人为因素影响大的，如业务招待费、差旅费、办公费、修理费等，这些必须进行全面的审计，并与行业平均水平相比较，判断污水处理企业的开支是偏高还是偏低。对法律法规有明确规定的，如固定资产折旧、住房公积金等，只要按照规章核算，符合法律规定就行。还要分析确定审计的重点领域，确定哪些成本是污水处理企业可以控制的，哪些是不能控制的，要重点管制企业可以控制的，把企业可以控制的成本通过横向比较和纵向比较的方式，审计其是否存在异常，若有异常，要让污水处理企业做出合理的解释，并进行重点审计。

3. 对低收入群体进行价格补贴

污水处理费的价格结构，要充分考虑保障低收入群体的利益，通过对不同组织和群体采用不同的污水处理价格水平，来保证污水处理费体现公平的原则。即实行差别化的收费政策，也可以和水价一起实行阶梯污水处理的价格。如此要保证目标补贴群体的福利增加，即接受补贴的群体应当是民政部门登记的享受城镇最低生活保障待遇的家庭以及享受民政部门定期抚恤和定期定量补助的优抚对象。补贴的方式应当有效，直接针对特殊家庭的"明补"比"暗补"有效。补贴应当透明，补贴数额和补贴的渠道应当清楚界定并接受群众监督。各地在调整污水处理收费标准时，要充分考虑低收入家庭的承受能力。对低收入家庭采取提高补贴标准或实行污水处理费减免等方式，确保其基本生活水平不因调整污水处理收费标准而降低。

4. 建立健全价格信息公开制度和听证制度

按照国家有关规定，污水处理费的收取、使用情况应当向社会公开。企业应定期向物价部门报告企业成本，政府应及时发布污水处理费收取标准，涉及水价、污水处理费等调整问题，政府应组织召开听证会，发挥参与人的监督作用，有效避免污水处理企业、政府和用水户之间的信息不对称问题，以保证各方利益的平衡。各地要向社会公开污水处理费收取、使用情况；调整污水处理收费标准要公开污水处理企业成本监审结果；重点排污单位要公开污水排放等指标；污水处理企业要定期公开污水处理量、主要污染物削减量、出水主要指标和企业运营情况等信息。加强污水处理和收费的宣传解释，通过报纸、电视和网络等媒体，宣传我国水环境污染的状况，宣传征收和调整污水处理费、促进污水处理和水污染防治的必要性，争取社会各界的理解和支持。

附 录

城镇排水与污水处理条例

第一章 总 则

第一条 为了加强对城镇排水与污水处理的管理，保障城镇排水与污水处理设施安全运行，防治城镇水污染和内涝灾害，保障公民生命、财产安全和公共安全，保护环境，制定本条例。

第二条 城镇排水与污水处理的规划，城镇排水与污水处理设施的建设、维护与保护，向城镇排水设施排水与污水处理，以及城镇内涝防治，适用本条例。

第三条 县级以上人民政府应当加强对城镇排水与污水处理工作的领导，并将城镇排水与污水处理工作纳入国民经济和社会发展规划。

第四条 城镇排水与污水处理应当遵循尊重自然、统筹规划、配套建设、保障安全、综合利用的原则。

第五条 国务院住房城乡建设主管部门指导监督全国城镇排水与污水处理工作。

县级以上地方人民政府城镇排水与污水处理主管部门（以下称城镇排水主管部门）负责本行政区域内城镇排水与污水处理的监督管理工作。

县级以上人民政府其他有关部门依照本条例和其他有关法律、法规的规定，在各自的职责范围内负责城镇排水与污水处理监督管理的相关工作。

第六条 国家鼓励采取特许经营、政府购买服务等多种形式，吸引社会资金参与投资、建设和运营城镇排水与污水处理设施。

县级以上人民政府鼓励、支持城镇排水与污水处理科学技术研究，推广应用先进适用的技术、工艺、设备和材料，促进污水的再生利用和污泥、雨水的资源化利用，提高城镇排水与污水处理能力。

第二章　规划与建设

第七条　国务院住房城乡建设主管部门会同国务院有关部门，编制全国的城镇排水与污水处理规划，明确全国城镇排水与污水处理的中长期发展目标、发展战略、布局、任务以及保障措施等。

城镇排水主管部门会同有关部门，根据当地经济社会发展水平以及地理、气候特征，编制本行政区域的城镇排水与污水处理规划，明确排水与污水处理目标与标准，排水量与排水模式，污水处理与再生利用、污泥处理处置要求，排涝措施，城镇排水与污水处理设施的规模、布局、建设时序和建设用地以及保障措施等；易发生内涝的城市、镇，还应当编制城镇内涝防治专项规划，并纳入本行政区域的城镇排水与污水处理规划。

第八条　城镇排水与污水处理规划的编制，应当依据国民经济和社会发展规划、城乡规划、土地利用总体规划、水污染防治规划和防洪规划，并与城镇开发建设、道路、绿地、水系等专项规划相衔接。

城镇内涝防治专项规划的编制，应当根据城镇人口与规模、降雨规律、暴雨内涝风险等因素，合理确定内涝防治目标和要求，充分利用自然生态系统，提高雨水滞渗、调蓄和排放能力。

第九条　城镇排水主管部门应当将编制的城镇排水与污水处理规划报本级人民政府批准后组织实施，并报上一级人民政府城镇排水主管部门备案。

城镇排水与污水处理规划一经批准公布，应当严格执行；因经济社会发展确需修改的，应当按照原审批程序报送审批。

第十条　县级以上地方人民政府应当根据城镇排水与污水处理规划的要求，加大对城镇排水与污水处理设施建设和维护的投入。

第十一条　城乡规划和城镇排水与污水处理规划确定的城镇排水与污水处理设施建设用地，不得擅自改变用途。

第十二条　县级以上地方人民政府应当按照先规划后建设的原则，依据城镇排水与污水处理规划，合理确定城镇排水与污水处理设施建设标准，统筹安排管网、泵站、污水处理厂以及污泥处理处置、再生水利用、雨水调蓄和排放等排水与污水处理设施建设和改造。

城镇新区的开发和建设，应当按照城镇排水与污水处理规划确定的建设时序，优先安排排水与污水处理设施建设；未建或者已建但未达到国家有关标准的，应当按照年度改造计划进行改造，提高城镇排水与污水处理能力。

第十三条 县级以上地方人民政府应当按照城镇排涝要求，结合城镇用地性质和条件，加强雨水管网、泵站以及雨水调蓄、超标雨水径流排放等设施建设和改造。

新建、改建、扩建市政基础设施工程应当配套建设雨水收集利用设施，增加绿地、砂石地面、可渗透路面和自然地面对雨水的滞渗能力，利用建筑物、停车场、广场、道路等建设雨水收集利用设施，削减雨水径流，提高城镇内涝防治能力。

新区建设与旧城区改建，应当按照城镇排水与污水处理规划确定的雨水径流控制要求建设相关设施。

第十四条 城镇排水与污水处理规划范围内的城镇排水与污水处理设施建设项目以及需要与城镇排水与污水处理设施相连接的新建、改建、扩建建设工程，城乡规划主管部门在依法核发建设用地规划许可证时，应当征求城镇排水主管部门的意见。城镇排水主管部门应当就排水设计方案是否符合城镇排水与污水处理规划和相关标准提出意见。

建设单位应当按照排水设计方案建设连接管网等设施；未建设连接管网等设施的，不得投入使用。城镇排水主管部门或者其委托的专门机构应当加强指导和监督。

第十五条 城镇排水与污水处理设施建设工程竣工后，建设单位应当依法组织竣工验收。竣工验收合格的，方可交付使用，并自竣工验收合格之日起 15 日内，将竣工验收报告及相关资料报城镇排水主管部门备案。

第十六条 城镇排水与污水处理设施竣工验收合格后，由城镇排水主管部门通过招标投标、委托等方式确定符合条件的设施维护运营单位负责管理。特许经营合同、委托运营合同涉及污染物削减和污水处理运营服务费的，城镇排水主管部门应当征求环境保护主管部门、价格主管部门的意见。国家鼓励实施城镇污水处理特许经营制度。具体办法由国务院住房城乡建设主管部门会同国务院有关部门制定。

城镇排水与污水处理设施维护运营单位应当具备下列条件：

（一）有法人资格；

（二）有与从事城镇排水与污水处理设施维护运营活动相适应的资金和设备；

（三）有完善的运行管理和安全管理制度；

（四）技术负责人和关键岗位人员经专业培训并考核合格；

（五）有相应的良好业绩和维护运营经验；

（六）法律、法规规定的其他条件。

第三章　排　　水

第十七条　县级以上地方人民政府应当根据当地降雨规律和暴雨内涝风险情况，结合气象、水文资料，建立排水设施地理信息系统，加强雨水排放管理，提高城镇内涝防治水平。

县级以上地方人民政府应当组织有关部门、单位采取相应的预防治理措施，建立城镇内涝防治预警、会商、联动机制，发挥河道行洪能力和水库、洼淀、湖泊调蓄洪水的功能，加强对城镇排水设施的管理和河道防护、整治，因地制宜地采取定期清淤疏浚等措施，确保雨水排放畅通，共同做好城镇内涝防治工作。

第十八条　城镇排水主管部门应当按照城镇内涝防治专项规划的要求，确定雨水收集利用设施建设标准，明确雨水的排水分区和排水出路，合理控制雨水径流。

第十九条　除干旱地区外，新区建设应当实行雨水、污水分流；对实行雨水、污水合流的地区，应当按照城镇排水与污水处理规划要求，进行雨水、污水分流改造。雨水、污水分流改造可以结合旧城区改建和道路建设同时进行。

在雨水、污水分流地区，新区建设和旧城区改建不得将雨水管网、污水管网相互混接。

在有条件的地区，应当逐步推进初期雨水收集与处理，合理确定截流倍数，通过设置初期雨水贮存池、建设截流干管等方式，加强对初期雨水的排放调控和污染防治。

第二十条 城镇排水设施覆盖范围内的排水单位和个人，应当按照国家有关规定将污水排入城镇排水设施。

在雨水、污水分流地区，不得将污水排入雨水管网。

第二十一条 从事工业、建筑、餐饮、医疗等活动的企业事业单位、个体工商户（以下称排水户）向城镇排水设施排放污水的，应当向城镇排水主管部门申请领取污水排入排水管网许可证。城镇排水主管部门应当按照国家有关标准，重点对影响城镇排水与污水处理设施安全运行的事项进行审查。

排水户应当按照污水排入排水管网许可证的要求排放污水。

第二十二条 排水户申请领取污水排入排水管网许可证应当具备下列条件：

（一）排放口的设置符合城镇排水与污水处理规划的要求；

（二）按照国家有关规定建设相应的预处理设施和水质、水量检测设施；

（三）排放的污水符合国家或者地方规定的有关排放标准；

（四）法律、法规规定的其他条件。

符合前款规定条件的，由城镇排水主管部门核发污水排入排水管网许可证；具体办法由国务院住房城乡建设主管部门制定。

第二十三条 城镇排水主管部门应当加强对排放口设置以及预处理设施和水质、水量检测设施建设的指导和监督；对不符合规划要求或者国家有关规定的，应当要求排水户采取措施，限期整改。

第二十四条 城镇排水主管部门委托的排水监测机构，应当对排水户排放污水的水质和水量进行监测，并建立排水监测档案。排水户应当接受监测，如实提供有关资料。

列入重点排污单位名录的排水户安装的水污染物排放自动监测设备，应当与环境保护主管部门的监控设备联网。环境保护主管部门应当将监测数据与城镇排水主管部门共享。

第二十五条　因城镇排水设施维护或者检修可能对排水造成影响的，城镇排水设施维护运营单位应当提前 24 小时通知相关排水户；可能对排水造成严重影响的，应当事先向城镇排水主管部门报告，采取应急处理措施，并向社会公告。

第二十六条　设置于机动车道路上的窨井，应当按照国家有关规定进行建设，保证其承载力和稳定性等符合相关要求。

排水管网窨井盖应当具备防坠落和防盗窃功能，满足结构强度要求。

第二十七条　城镇排水主管部门应当按照国家有关规定建立城镇排涝风险评估制度和灾害后评估制度，在汛前对城镇排水设施进行全面检查，对发现的问题，责成有关单位限期处理，并加强城镇广场、立交桥下、地下构筑物、棚户区等易涝点的治理，强化排涝措施，增加必要的强制排水设施和装备。

城镇排水设施维护运营单位应当按照防汛要求，对城镇排水设施进行全面检查、维护、清疏，确保设施安全运行。

在汛期，有管辖权的人民政府防汛指挥机构应当加强对易涝点的巡查，发现险情，立即采取措施。有关单位和个人在汛期应当服从有管辖权的人民政府防汛指挥机构的统一调度指挥或者监督。

第四章　污水处理

第二十八条　城镇排水主管部门应当与城镇污水处理设施维护运营单位签订维护运营合同，明确双方权利义务。

城镇污水处理设施维护运营单位应当依照法律、法规和有关规定以及维护运营合同进行维护运营，定期向社会公开有关维护运营信息，并接受相关部门和社会公众的监督。

第二十九条　城镇污水处理设施维护运营单位应当保证出水水质符合国家和地方规定的排放标准，不得排放不达标污水。

城镇污水处理设施维护运营单位应当按照国家有关规定检测进出水水质，向城镇排水主管部门、环境保护主管部门报送污水处理水质和水量、主要污染物削减量等信息，并按照有关规定和维护运营合同，向城镇排水主管部门报送生产运营成本等信息。

城镇污水处理设施维护运营单位应当按照国家有关规定向价格主管部门提交相关成本信息。

城镇排水主管部门核定城镇污水处理运营成本，应当考虑主要污染物削减情况。

第三十条 城镇污水处理设施维护运营单位或者污泥处理处置单位应当安全处理处置污泥，保证处理处置后的污泥符合国家有关标准，对产生的污泥以及处理处置后的污泥去向、用途、用量等进行跟踪、记录，并向城镇排水主管部门、环境保护主管部门报告。任何单位和个人不得擅自倾倒、堆放、丢弃、遗撒污泥。

第三十一条 城镇污水处理设施维护运营单位不得擅自停运城镇污水处理设施，因检修等原因需要停运或者部分停运城镇污水处理设施的，应当在90个工作日前向城镇排水主管部门、环境保护主管部门报告。

城镇污水处理设施维护运营单位在出现进水水质和水量发生重大变化可能导致出水水质超标，或者发生影响城镇污水处理设施安全运行的突发情况时，应当立即采取应急处理措施，并向城镇排水主管部门、环境保护主管部门报告。

城镇排水主管部门或者环境保护主管部门接到报告后，应当及时核查处理。

第三十二条 排水单位和个人应当按照国家有关规定缴纳污水处理费。

向城镇污水处理设施排放污水、缴纳污水处理费的，不再缴纳排污费。

排水监测机构接受城镇排水主管部门委托从事有关监测活动，不得向城镇污水处理设施维护运营单位和排水户收取任何费用。

第三十三条 污水处理费应当纳入地方财政预算管理，专项用于城镇污水处理设施的建设、运行和污泥处理处置，不得挪作他用。污水处理费的收费标准不应低于城镇污水处理设施正常运营的成本。因特殊原因，收取的污水处理费不足以支付城镇污水处理设施正常运营的成本的，地方人民政府给予补贴。

污水处理费的收取、使用情况应当向社会公开。

第三十四条　县级以上地方人民政府环境保护主管部门应当依法对城镇污水处理设施的出水水质和水量进行监督检查。

城镇排水主管部门应当对城镇污水处理设施运营情况进行监督和考核，并将监督考核情况向社会公布。有关单位和个人应当予以配合。

城镇污水处理设施维护运营单位应当为进出水在线监测系统的安全运行提供保障条件。

第三十五条　城镇排水主管部门应当根据城镇污水处理设施维护运营单位履行维护运营合同的情况以及环境保护主管部门对城镇污水处理设施出水水质和水量的监督检查结果，核定城镇污水处理设施运营服务费。地方人民政府有关部门应当及时、足额拨付城镇污水处理设施运营服务费。

第三十六条　城镇排水主管部门在监督考核中，发现城镇污水处理设施维护运营单位存在未依照法律、法规和有关规定以及维护运营合同进行维护运营，擅自停运或者部分停运城镇污水处理设施，或者其他无法安全运行等情形的，应当要求城镇污水处理设施维护运营单位采取措施，限期整改；逾期不整改的，或者整改后仍无法安全运行的，城镇排水主管部门可以终止维护运营合同。

城镇排水主管部门终止与城镇污水处理设施维护运营单位签订的维护运营合同的，应当采取有效措施保障城镇污水处理设施的安全运行。

第三十七条　国家鼓励城镇污水处理再生利用，工业生产、城市绿化、道路清扫、车辆冲洗、建筑施工以及生态景观等，应当优先使用再生水。

县级以上地方人民政府应当根据当地水资源和水环境状况，合理确定再生水利用的规模，制定促进再生水利用的保障措施。

再生水纳入水资源统一配置，县级以上地方人民政府水行政主管部门应当依法加强指导。

第五章　设施维护与保护

第三十八条　城镇排水与污水处理设施维护运营单位应当建立健全安全生产管理制度，加强对窨井盖等城镇排水与污水处理设施的日常巡查、维修和养护，保障设施安全运行。

从事管网维护、应急排水、井下及有限空间作业的，设施维护运营单位应当安排专门人员进行现场安全管理，设置醒目警示标志，采取有效措施避免人员坠落、车辆陷落，并及时复原窨井盖，确保操作规程的遵守和安全措施的落实。相关特种作业人员，应当按照国家有关规定取得相应的资格证书。

第三十九条 县级以上地方人民政府应当根据实际情况，依法组织编制城镇排水与污水处理应急预案，统筹安排应对突发事件以及城镇排涝所必需的物资。

城镇排水与污水处理设施维护运营单位应当制定本单位的应急预案，配备必要的抢险装备、器材，并定期组织演练。

第四十条 排水户因发生事故或者其他突发事件，排放的污水可能危及城镇排水与污水处理设施安全运行的，应当立即采取措施消除危害，并及时向城镇排水主管部门和环境保护主管部门等有关部门报告。

城镇排水与污水处理安全事故或者突发事件发生后，设施维护运营单位应当立即启动本单位应急预案，采取防护措施、组织抢修，并及时向城镇排水主管部门和有关部门报告。

第四十一条 城镇排水主管部门应当会同有关部门，按照国家有关规定划定城镇排水与污水处理设施保护范围，并向社会公布。

在保护范围内，有关单位从事爆破、钻探、打桩、顶进、挖掘、取土等可能影响城镇排水与污水处理设施安全的活动的，应当与设施维护运营单位等共同制定设施保护方案，并采取相应的安全防护措施。

第四十二条 禁止从事下列危及城镇排水与污水处理设施安全的活动：

（一）损毁、盗窃城镇排水与污水处理设施；

（二）穿凿、堵塞城镇排水与污水处理设施；

（三）向城镇排水与污水处理设施排放、倾倒剧毒、易燃易爆、腐蚀性废液和废渣；

（四）向城镇排水与污水处理设施倾倒垃圾、渣土、施工泥浆等废弃物；

（五）建设占压城镇排水与污水处理设施的建筑物、构筑物或者其他设施；

（六）其他危及城镇排水与污水处理设施安全的活动。

第四十三条　新建、改建、扩建建设工程，不得影响城镇排水与污水处理设施安全。

建设工程开工前，建设单位应当查明工程建设范围内地下城镇排水与污水处理设施的相关情况。城镇排水主管部门及其他相关部门和单位应当及时提供相关资料。

建设工程施工范围内有排水管网等城镇排水与污水处理设施的，建设单位应当与施工单位、设施维护运营单位共同制定设施保护方案，并采取相应的安全保护措施。

因工程建设需要拆除、改动城镇排水与污水处理设施的，建设单位应当制定拆除、改动方案，报城镇排水主管部门审核，并承担重建、改建和采取临时措施的费用。

第四十四条　县级以上人民政府城镇排水主管部门应当会同有关部门，加强对城镇排水与污水处理设施运行维护和保护情况的监督检查，并将检查情况及结果向社会公开。实施监督检查时，有权采取下列措施：

（一）进入现场进行检查、监测；

（二）查阅、复制有关文件和资料；

（三）要求被监督检查的单位和个人就有关问题作出说明。

被监督检查的单位和个人应当予以配合，不得妨碍和阻挠依法进行的监督检查活动。

第四十五条　审计机关应当加强对城镇排水与污水处理设施建设、运营、维护和保护等资金筹集、管理和使用情况的监督，并公布审计结果。

第六章　法律责任

第四十六条　违反本条例规定，县级以上地方人民政府及其城镇排水主管部门和其他有关部门，不依法作出行政许可或者办理批准文件的，发现违法行为或者接到对违法行为的举报不予查处的，或者有其他未依照本条例履行职责的行为的，对直接负责的主管人员和其他直接责任人员依法给予处分；直接负责的主管人员和其他直接责任人员的行为构成犯罪的，依法追究刑事责任。

违反本条例规定，核发污水排入排水管网许可证、排污许可证后不实施监督检查的，对核发许可证的部门及其工作人员依照前款规定处理。

第四十七条　违反本条例规定，城镇排水主管部门对不符合法定条件的排水户核发污水排入排水管网许可证的，或者对符合法定条件的排水户不予核发污水排入排水管网许可证的，对直接负责的主管人员和其他直接责任人员依法给予处分；直接负责的主管人员和其他直接责任人员的行为构成犯罪的，依法追究刑事责任。

第四十八条　违反本条例规定，在雨水、污水分流地区，建设单位、施工单位将雨水管网、污水管网相互混接的，由城镇排水主管部门责令改正，处 5 万元以上 10 万元以下的罚款；造成损失的，依法承担赔偿责任。

第四十九条　违反本条例规定，城镇排水与污水处理设施覆盖范围内的排水单位和个人，未按照国家有关规定将污水排入城镇排水设施，或者在雨水、污水分流地区将污水排入雨水管网的，由城镇排水主管部门责令改正，给予警告；逾期不改正或者造成严重后果的，对单位处 10 万元以上 20 万元以下罚款，对个人处 2 万元以上 10 万元以下罚款；造成损失的，依法承担赔偿责任。

第五十条　违反本条例规定，排水户未取得污水排入排水管网许可证向城镇排水设施排放污水的，由城镇排水主管部门责令停止违法行为，限期采取治理措施，补办污水排入排水管网许可证，可以处 50 万元以下罚款；造成损失的，依法承担赔偿责任；构成犯罪的，依法追究刑事责任。

违反本条例规定，排水户不按照污水排入排水管网许可证的要求排放污水的，由城镇排水主管部门责令停止违法行为，限期改正，可以处 5 万元以下罚款；造成严重后果的，吊销污水排入排水管网许可证，并处 5 万元以上 50 万元以下罚款，可以向社会予以通报；造成损失的，依法承担赔偿责任；构成犯罪的，依法追究刑事责任。

第五十一条　违反本条例规定，因城镇排水设施维护或者检修可能对排水造成影响或者严重影响，城镇排水设施维护运营单位未提前通知相关排水户的，或者未事先向城镇排水主管部门报告，采取应急处理措施的，或者未按照防汛要求对城镇排水设施进行全面检查、维护、清疏，影响汛期排水畅通的，由城镇排水主管部门责令改正，给予警告；逾期不改正或者造成严重后果的，处 10 万元以上 20 万元以下罚款；造成损失的，依法承担赔偿责任。

第五十二条　违反本条例规定，城镇污水处理设施维护运营单位未按照国家有关规定检测进出水水质的，或者未报送污水处理水质和水量、主要污染物削减量等信息和生产运营成本等信息的，由城镇排水主管部门责令改正，可以处 5 万元以下罚款；造成损失的，依法承担赔偿责任。

违反本条例规定，城镇污水处理设施维护运营单位擅自停运城镇污水处理设施，未按照规定事先报告或者采取应急处理措施的，由城镇排水主管部门责令改正，给予警告；逾期不改正或者造成严重后果的，处 10 万元以上 50 万元以下罚款；造成损失的，依法承担赔偿责任。

第五十三条　违反本条例规定，城镇污水处理设施维护运营单位或者污泥处理处置单位对产生的污泥以及处理处置后的污泥的去向、用途、用量等未进行跟踪、记录的，或者处理处置后的污泥不符合国家有关标准的，由城镇排水主管部门责令限期采取治理措施，给予警告；造成严重后果的，处 10 万元以上 20 万元以下罚款；逾期不采取治理措施的，城镇排水主管部门可以指定有治理能力的单位代为治理，所需费用由当事人承担；造成损失的，依法承担赔偿责任。

违反本条例规定，擅自倾倒、堆放、丢弃、遗撒污泥的，由城镇排水主管部门责令停止违法行为，限期采取治理措施，给予警告；造成严重后果的，对单位处 10 万元以上 50 万元以下罚款，对个人处 2 万元以上 10 万元以下罚款；逾期不采取治理措施的，城镇排水主管部门可以指定有治理能力的单位代为治理，所需费用由当事人承担；造成损失的，依法承担赔偿责任。

第五十四条　违反本条例规定，排水单位或者个人不缴纳污水处理费的，由城镇排水主管部门责令限期缴纳，逾期拒不缴纳的，处应缴纳污水处理费数额 1 倍以上 3 倍以下罚款。

第五十五条　违反本条例规定，城镇排水与污水处理设施维护运营单位有下列情形之一的，由城镇排水主管部门责令改正，给予警告；逾期不改正或者造成严重后果的，处 10 万元以上 50 万元以下罚款；造成损失的，依法承担赔偿责任；构成犯罪的，依法追究刑事责任：

（一）未按照国家有关规定履行日常巡查、维修和养护责任，保障设施安全运行的；

（二）未及时采取防护措施、组织事故抢修的；

（三）因巡查、维护不到位，导致窨井盖丢失、损毁，造成人员伤亡和财产损失的。

第五十六条 违反本条例规定，从事危及城镇排水与污水处理设施安全的活动的，由城镇排水主管部门责令停止违法行为，限期恢复原状或者采取其他补救措施，给予警告；逾期不采取补救措施或者造成严重后果的，对单位处 10 万元以上 30 万元以下罚款，对个人处 2 万元以上 10 万元以下罚款；造成损失的，依法承担赔偿责任；构成犯罪的，依法追究刑事责任。

第五十七条 违反本条例规定，有关单位未与施工单位、设施维护运营单位等共同制定设施保护方案，并采取相应的安全防护措施的，由城镇排水主管部门责令改正，处 2 万元以上 5 万元以下罚款；造成严重后果的，处 5 万元以上 10 万元以下罚款；造成损失的，依法承担赔偿责任；构成犯罪的，依法追究刑事责任。

违反本条例规定，擅自拆除、改动城镇排水与污水处理设施的，由城镇排水主管部门责令改正，恢复原状或者采取其他补救措施，处 5 万元以上 10 万元以下罚款；造成严重后果的，处 10 万元以上 30 万元以下罚款；造成损失的，依法承担赔偿责任；构成犯罪的，依法追究刑事责任。

第七章 附 则

第五十八条 依照《中华人民共和国水污染防治法》的规定，排水户需要取得排污许可证的，由环境保护主管部门核发；违反《中华人民共和国水污染防治法》的规定排放污水的，由环境保护主管部门处罚。

第五十九条 本条例自 2014 年 1 月 1 日起施行。

污水处理费征收使用管理办法

第一章　总　　则

第一条　为了规范污水处理费征收使用管理，保障城镇污水处理设施运行维护和建设，防治水污染，保护环境，根据《水污染防治法》、《城镇排水与污水处理条例》的规定，制定本办法。

第二条　城镇污水处理费的征收、使用和管理适用本办法。

第三条　污水处理费是按照"污染者付费"原则，由排水单位和个人缴纳并专项用于城镇污水处理设施建设、运行和污泥处理处置的资金。

第四条　污水处理费属于政府非税收入，全额上缴地方国库，纳入地方政府性基金预算管理，实行专款专用。

第五条　鼓励各地区采取政府与社会资本合作、政府购买服务等多种形式，共同参与城镇排水与污水处理设施投资、建设和运营，合理分担风险，实现权益融合，加强项目全生命周期管理，提高城镇排水与污水处理服务质量和运营效率。

第六条　污水处理费的征收、使用和管理应当接受财政、价格、审计部门和上级城镇排水与污水处理主管部门的监督检查。

第二章　征收缴库

第七条　凡设区的市、县（市）和建制镇已建成污水处理厂的，均应当征收污水处理费；在建污水处理厂、已批准污水处理厂建设项目可行性研究报告或项目建议书的，可以开征污水处理费，并应当在开征 3 年内建成污水处理厂投入运行。

第八条　向城镇排水与污水处理设施排放污水、废水的单位和个人（以下称缴纳义务人），应当缴纳污水处理费。

向城镇排水与污水处理设施排放污水、废水并已缴纳污水处理费的，不再缴纳排污费。

向城镇排水与污水处理设施排放的污水超过国家或者地方规定排放标

准的，依法进行处罚。

第九条　单位或个人自建污水处理设施，污水处理后全部回用，或处理后水质符合国家规定的排向自然水体的水质标准，且未向城镇排水与污水处理设施排水的，不缴纳污水处理费；仍向城镇排水与污水处理设施排水的，应当足额缴纳污水处理费。

第十条　除本办法第十一条规定的情形外，污水处理费按缴纳义务人的用水量计征。用水量按下列方式核定：

（一）使用公共供水的单位和个人，其用水量以水表显示的量值为准。

（二）使用自备水源的单位和个人已安装计量设备的，其用水量以计量设备显示的量值为准；未安装计量设备或者计量设备不能正常使用的，其用水量按取水设施额定流量每日运转 24 小时计算。

第十一条　因大量蒸发、蒸腾造成排水量明显低于用水量，且排水口已安装自动在线监测设施等计量设备的，经县级以上地方城镇排水与污水处理主管部门（以下称城镇排水主管部门）认定并公示后，按缴纳义务人实际排水量计征污水处理费。对产品以水为主要原料的企业，仍按其用水量计征污水处理费。

建设施工临时排水、基坑疏干排水已安装排水计量设备的，按计量设备显示的量值计征污水处理费；未安装排水计量设备或者计量设备不能正常使用的，按施工规模定额征收污水处理费。

第十二条　污水处理费的征收标准，按照覆盖污水处理设施正常运营和污泥处理处置成本并合理盈利的原则制定，由县级以上地方价格、财政和排水主管部门提出意见，报同级人民政府批准后执行。

污水处理费的征收标准暂时未达到覆盖污水处理设施正常运营和污泥处理处置成本并合理盈利水平的，应当逐步调整到位。

第十三条　使用公共供水的单位和个人，其污水处理费由城镇排水主管部门委托公共供水企业在收取水费时一并代征，并在发票中单独列明污水处理费的缴款数额。

城镇排水主管部门应当与公共供水企业签订代征污水处理费合同，明确双方权利义务。

公共供水企业代征的污水处理费与其水费收入应当分账核算，并及时足额上缴代征的污水处理费，不得隐瞒、滞留、截留和挪用。

公共供水企业代征的污水处理费，由城镇排水主管部门征缴入库。

第十四条　使用自备水源的单位和个人，其污水处理费由城镇排水主管部门或其委托的单位征收。

各地区应当加强对自备水源的管理，加大对使用自备水源单位和个人污水处理费的征收力度。

第十五条　污水处理费一般应当按月征收，并全额上缴地方国库。

公共供水企业应当按规定时限如实向城镇排水主管部门申报售水量和代征的污水处理费数额。使用自备水源的单位和个人应当按规定时限如实向城镇排水主管部门或其委托的单位申报用水量（排水量）和应缴纳的污水处理费数额。

城镇排水主管部门或其委托的单位应当对申报情况进行审核，确定污水处理费征收数额。收取污水处理费时，使用省级财政部门统一印制的票据。具体缴库办法按照省级财政部门的规定执行。

第十六条　城镇排水主管部门应当核实公共供水企业全年实际售水量，在次年3月底前完成对公共供水企业全年应缴污水处理费的汇算清缴工作。

对因用水户欠缴水费、公共供水企业核销坏账损失的水量，经城镇排水主管部门审核确认后，不计入公共供水企业全年实际应代征污水处理费的水量。

第十七条　公共供水企业、城镇排水主管部门委托的单位代征污水处理费，由地方财政从污水处理费支出预算中支付代征手续费，具体办法由县级以上地方财政部门规定。

第十八条　城镇排水主管部门及其委托的单位、公共供水企业要严格按照规定的范围、标准和时限要求征收或者代征污水处理费，确保将污水处理费征缴到位。

第十九条　任何单位和个人均不得违反本办法规定，自行改变污水处理费的征收对象、范围和标准。

严禁对企业违规减免或者缓征污水处理费。已经出台污水处理费减免或者缓征政策的，应当予以废止。

第二十条 城镇排水主管部门应当将污水处理费的征收依据、征收主体、征收标准、征收程序、法律责任等进行公示。

第三章 使用管理

第二十一条 污水处理费专项用于城镇污水处理设施的建设、运行和污泥处理处置，以及污水处理费的代征手续费支出，不得挪作他用。

第二十二条 征收的污水处理费不能保障城镇排水与污水处理设施正常运营的，地方财政应当给予补贴。

第二十三条 缴入国库的污水处理费与地方财政补贴资金统筹使用，通过政府购买服务方式，向提供城镇排水与污水处理服务的单位支付服务费。

服务费应当覆盖合理服务成本并使服务单位合理收益。

服务费按照合同约定的污水处理量、污泥处理处置量、排水管网维护、再生水量等服务质量和数量予以确定。

第二十四条 城镇排水主管部门与财政部门、价格主管部门协商一致后，与城镇排水与污水处理服务单位签订政府购买服务合同。

政府购买服务合同应当包括城镇排水与污水处理服务范围和期限、服务数量和质量、服务费支付标准及调整机制、绩效考核、风险分担、信息披露、政府接管、权利义务和违约责任等内容。

第二十五条 城镇排水主管部门应当根据城镇排水与污水处理服务单位履行政府购买服务合同的情况，以及城镇污水处理设施出水水质和水量的监督检查结果，按期核定服务费。

财政部门应当及时、足额拨付服务费。

第二十六条 城镇排水与污水处理服务单位应当定期公布污水处理量、主要污染物削减量、污水处理设施出水水质状况等信息。

第二十七条 城镇排水与污水处理服务单位违反规定擅自停运城镇污水处理设施，以及城镇污水处理设施的出水质未达到国家或者地方规定的水污染物排放标准的，应当按照合同约定相应扣减服务费，并依法对其进行处罚。

第二十八条 城镇排水主管部门、财政部门可以委托第三方评估机构，对城镇排水与污水处理服务绩效进行评估，绩效评估结果应当与服务费支付相挂钩并向社会公开。

第二十九条　各地区可以通过合理确定投资收益水平，吸引社会资本参与投资、建设和运营城镇排水与污水处理项目，提高污水处理服务质量和运营效率。

各地区应当按照《政府采购法》及有关规定，通过公开招标、竞争性谈判等竞争性方式选择符合要求的城镇排水与污水处理服务单位，并采取特许经营、委托运营等多种服务方式。

第三十条　县级以上地方财政部门对城镇排水与污水处理服务费支出（包括污水处理费安排的支出和财政补贴资金）实行预决算管理。

城镇排水主管部门应当根据城镇排水与污水处理设施的建设、运行和污泥处理处置情况，编制年度城镇排水与污水处理服务费支出预算，经同级财政部门审核后，纳入同级财政预算报经批准后执行。

城镇排水主管部门应当根据城镇排水与污水处理服务费支出预算执行情况编制年度决算，经同级财政部门审核后，纳入同级财政决算。

县级以上地方财政部门会同排水主管部门可以将城镇排水与污水处理服务费支出纳入中长期财政规划管理，加强预算控制，保障政府购买服务合同有效执行。

第三十一条　污水处理费的资金支付按照财政国库管理制度有关规定执行。

第三十二条　城镇排水主管部门和财政部门应当每年向社会公布污水处理费的征收、使用情况。

第四章　法律责任

第三十三条　单位和个人违反本办法规定，有下列情形之一的，依照《财政违法行为处罚处分条例》和《违反行政事业性收费和罚没收入收支两条线管理规定行政处分暂行规定》等国家有关规定追究法律责任；涉嫌犯罪的，依法移送司法机关处理：

（一）擅自减免污水处理费或者改变污水处理费征收范围、对象和标准的；

（二）隐瞒、坐支应当上缴的污水处理费的；

（三）滞留、截留、挪用应当上缴的污水处理费的；

（四）不按照规定的预算级次、预算科目将污水处理费缴入国库的；

（五）违反规定扩大污水处理费开支范围、提高开支标准的；

（六）其他违反国家财政收入管理规定的行为。

第三十四条　缴纳义务人不缴纳污水处理费的，按照《城镇排水与污水处理条例》第五十四条规定，由城镇排水主管部门责令限期缴纳，逾期拒不缴纳的，处应缴纳污水处理费数额 1 倍以上 3 倍以下罚款。

第三十五条　污水处理费征收、使用管理有关部门的工作人员违反本办法规定，在污水处理费征收和使用管理工作中徇私舞弊、玩忽职守、滥用职权的，依法给予处分；涉嫌犯罪的，依法移送司法机关。

第五章　附　　则

第三十六条　各省、自治区、直辖市根据本办法制定具体实施办法，并报财政部、国家发展改革委、住房城乡建设部备案。

第三十七条　本办法由财政部会同国家发展改革委、住房城乡建设部负责解释。

第三十八条　本办法自 2015 年 3 月 1 日起施行。此前有关污水处理费征收使用管理规定与本办法不一致的，以本办法为准。

城镇污水排入排水管网许可管理办法

第一章 总 则

第一条 为了加强对污水排入城镇排水管网的管理，保障城镇排水与污水处理设施安全运行，防治城镇水污染，根据《中华人民共和国行政许可法》、《城镇排水与污水处理条例》等法律法规，制定本办法。

第二条 在中华人民共和国境内申请污水排入排水管网许可（以下称排水许可），对从事工业、建筑、餐饮、医疗等活动的企业事业单位、个体工商户（以下称排水户）向城镇排水设施排放污水的活动实施监督管理，适用本办法。

第三条 国务院住房城乡建设主管部门负责全国排水许可工作的指导监督。

省、自治区人民政府住房城乡建设主管部门负责本行政区域内排水许可工作的指导监督。

直辖市、市、县人民政府城镇排水与污水处理主管部门（以下简称城镇排水主管部门）负责本行政区域内排水许可证书的颁发和监督管理。城镇排水主管部门可以委托专门机构承担排水许可审核管理的具体工作。

第四条 城镇排水设施覆盖范围内的排水户应当按照国家有关规定，将污水排入城镇排水设施。排水户向城镇排水设施排放污水，应当按照本办法的规定，申请领取排水许可证。未取得排水许可证，排水户不得向城镇排水设施排放污水。城镇居民排放生活污水不需要申请领取排水许可证。

在雨水、污水分流排放的地区，不得将污水排入雨水管网。

第五条 城镇排水主管部门会同环境保护主管部门依法确定并向社会公布列入重点排污单位名录的排水户。

第二章 许可申请与审查

第六条 排水户向所在地城镇排水主管部门申请领取排水许可证。城镇排水主管部门应当自受理申请之日起 20 日内作出决定。

集中管理的建筑或者单位内有多个排水户的，可以由产权单位或者其委托的物业服务企业统一申请领取排水许可证，并由领证单位对排水户的排水行为负责。

各类施工作业需要排水的，由建设单位申请领取排水许可证。

第七条 申请领取排水许可证，应当如实提交下列材料：

（一）排水许可申请表；

（二）排水户内部排水管网、专用检测井、污水排放口位置和口径的图纸及说明等材料；

（三）按规定建设污水预处理设施的有关材料；

（四）排水隐蔽工程竣工报告；

（五）排水许可申请受理之日前一个月内由具有计量认证资质的水质检测机构出具的排水水质、水量检测报告；拟排放污水的排水户提交水质、水量预测报告；

（六）列入重点排污单位名录的排水户应当提供已安装的主要水污染物排放自动监测设备有关材料；

（七）法律、法规规定的其他材料。

第八条 符合以下条件的，由城镇排水主管部门核发排水许可证：

（一）污水排放口的设置符合城镇排水与污水处理规划的要求；

（二）排放污水的水质符合国家或者地方的污水排入城镇下水道水质标准等有关标准；

（三）按照国家有关规定建设相应的预处理设施；

（四）按照国家有关规定在排放口设置便于采样和水量计量的专用检测井和计量设备；列入重点排污单位名录的排水户已安装主要水污染物排放自动监测设备；

（五）法律、法规规定的其他条件。

施工作业需排水的，建设单位应当已修建预处理设施，且排水符合本条第一款第二项规定的标准。

第九条 排水许可证的有效期为 5 年。

因施工作业需要向城镇排水设施排水的，排水许可证的有效期，由城镇排水主管部门根据排水状况确定，但不得超过施工期限。

第十条　排水许可证有效期满需要继续排放污水的，排水户应当在有效期届满 30 日前，向城镇排水主管部门提出申请。城镇排水主管部门应当在有效期届满前作出是否准予延续的决定。准予延续的，有效期延续 5 年。

排水户在排水许可证有效期内，严格按照许可内容排放污水，且未发生违反本办法规定行为的，有效期届满 30 日前，排水户可提出延期申请，经原许可机关同意，可不再进行审查，排水许可证有效期延期 5 年。

第十一条　在排水许可证的有效期内，排水口数量和位置、排水量、污染物项目或者浓度等排水许可内容变更的，排水户应当按照本办法规定，重新申请领取排水许可证。

排水户名称、法定代表人等其他事项变更的，排水户应当在工商登记变更后 30 日内向城镇排水主管部门申请办理变更。

第三章　管理和监督

第十二条　排水户应当按照排水许可证确定的排水类别、总量、时限、排放口位置和数量、排放的污染物项目和浓度等要求排放污水。

第十三条　排水户不得有下列危及城镇排水设施安全的行为：

（一）向城镇排水设施排放、倾倒剧毒、易燃易爆物质、腐蚀性废液和废渣、有害气体和烹饪油烟等；

（二）堵塞城镇排水设施或者向城镇排水设施内排放、倾倒垃圾、渣土、施工泥浆、油脂、污泥等易堵塞物；

（三）擅自拆卸、移动和穿凿城镇排水设施；

（四）擅自向城镇排水设施加压排放污水。

第十四条　排水户因发生事故或者其他突发事件，排放的污水可能危及城镇排水与污水处理设施安全运行的，应当立即停止排放，采取措施消除危害，并按规定及时向城镇排水主管部门等有关部门报告。

第十五条　城镇排水主管部门应当加强对排水户的排放口设置、连接管网、预处理设施和水质、水量监测设施建设和运行的指导和监督。

第十六条　城镇排水主管部门应当将排水许可材料按户整理归档，对排水户档案实行信息化管理。

第十七条 城镇排水主管部门委托的具有计量认证资质的排水监测机构应当定期对排水户排放污水的水质、水量进行监测，建立排水监测档案。排水户应当接受监测，如实提供有关资料。

列入重点排污单位名录的排水户，应当依法安装并保证水污染物排放自动监测设备正常运行。

列入重点排污单位名录的排水户安装的水污染物排放自动监测设备，应当与环境保护主管部门的监控设备联网。环境保护主管部门应当将监测数据与城镇排水主管部门实时共享。对未与环境保护主管部门的监控设备联网，城镇排水主管部门已进行自动监测的，可以将监测数据与环境保护主管部门共享。

第十八条 城镇排水主管部门应当依照法律法规和本办法的规定，对排水户排放污水的情况实施监督检查。实施监督检查时，有权采取下列措施：

（一）进入现场开展检查、监测；

（二）要求被监督检查的排水户出示排水许可证；

（三）查阅、复制有关文件和材料；

（四）要求被监督检查的单位和个人就有关问题做出说明；

（五）依法采取禁止排水户向城镇排水设施排放污水等措施，纠正违反有关法律、法规和本办法规定的行为。

被监督检查的单位和个人应当予以配合，不得妨碍和阻挠依法进行的监督检查活动。

第十九条 城镇排水主管部门委托的专门机构，可以开展排水许可审查、档案管理、监督指导排水户排水行为等工作，并协助城镇排水主管部门对排水许可实施监督管理。

第二十条 有下列情形之一的，许可机关或者其上级行政机关，根据利害关系人的请求或者依据职权，可以撤销排水许可：

（一）城镇排水主管部门工作人员滥用职权、玩忽职守作出准予排水许可决定的；

（二）超越法定职权作出准予排水许可决定的；

（三）违反法定程序作出准予排水许可决定的；

（四）对不符合许可条件的申请人作出准予排水许可决定的；

（五）依法可以撤销排水许可的其他情形。

排水户以欺骗、贿赂等不正当手段取得排水许可的，应当予以撤销。

第二十一条　有下列情形之一的，城镇排水主管部门应当依法办理排水许可的注销手续：

（一）排水户依法终止的；

（二）排水许可依法被撤销、撤回，或者排水许可证被吊销的；

（三）排水许可证有效期满且未延续许可的；

（四）法律、法规规定的应当注销排水许可的其他情形。

第二十二条　城镇排水主管部门应当按照国家有关规定将监督检查的情况向社会公开。

城镇排水主管部门及其委托的专门机构、排水监测机构的工作人员对知悉的被监督检查单位和个人的技术和商业秘密负有保密义务。

第二十三条　城镇排水主管部门实施排水许可不得收费。

城镇排水主管部门实施排水许可所需经费，应当列入城镇排水主管部门的预算，由本级财政予以保障，按照批准的预算予以核拨。

第四章　法律责任

第二十四条　城镇排水主管部门有下列情形之一的，由其上级行政机关或者监察机关责令改正，对直接负责的主管人员和其他直接责任人员依法给予处分；构成犯罪的，依法追究刑事责任：

（一）对不符合本规定条件的申请人准予排水许可的；

（二）对符合本规定条件的申请人不予核发排水许可证或者不在法定期限内作出准予许可决定的；

（三）利用职务上的便利，收受他人财物或者谋取其他利益的；

（四）泄露被监督检查单位和个人的技术或者商业秘密的；

（五）不依法履行监督管理职责或者监督不力，造成严重后果的。

第二十五条　违反本办法规定，在城镇排水与污水处理设施覆盖范围内，未按照国家有关规定将污水排入城镇排水设施，或者在雨水、污水分流地区将污水排入雨水管网的，由城镇排水主管部门责令改正，给予警告；逾期不改正或者造成严重后果的，对单位处 10 万元以上 20 万元以下罚款；对个人处 2 万元以上 10 万元以下罚款，造成损失的，依法承担赔偿责任。

第二十六条　违反本办法规定，排水户未取得排水许可，向城镇排水设施排放污水的，由城镇排水主管部门责令停止违法行为，限期采取治理措施，补办排水许可证，可以处 50 万元以下罚款；对列入重点排污单位名录的排水户，可以处 30 万元以上 50 万元以下罚款；造成损失的，依法承担赔偿责任；构成犯罪的，依法追究刑事责任。

第二十七条　排水户未按照排水许可证的要求，向城镇排水设施排放污水的，由城镇排水主管部门责令停止违法行为，限期改正，可以处 5 万元以下罚款；造成严重后果的，吊销排水许可证，并处 5 万元以上 50 万元以下罚款，对列入重点排污单位名录的排水户，处 30 万元以上 50 万元以下罚款，并将有关情况通知同级环境保护主管部门，可以向社会予以通报；造成损失的，依法承担赔偿责任；构成犯罪的，依法追究刑事责任。

第二十八条　排水户名称、法定代表人等其他事项变更，未按本办法规定及时向城镇排水主管部门申请办理变更的，由城镇排水主管部门责令改正，可以处 3 万元以下罚款。

第二十九条　排水户以欺骗、贿赂等不正当手段取得排水许可的，可以处 3 万元以下罚款；造成损失的，依法承担赔偿责任；构成犯罪的，依法追究刑事责任。

第三十条　违反本办法规定，排水户因发生事故或者其他突发事件，排放的污水可能危及城镇排水与污水处理设施安全运行，没有立即停止排放，未采取措施消除危害，或者并未按规定及时向城镇排水主管部门等有关部门报告的，城镇排水主管部门可以处 3 万元以下罚款。

第三十一条　违反本办法规定，从事危及城镇排水设施安全的活动的，由城镇排水主管部门责令停止违法行为，限期恢复原状或者采取其他补救措施，并给予警告；逾期不采取补救措施或者造成严重后果的，对单位处 10 万元以上 30 万元以下罚款，对个人处 2 万元以上 10 万元以下罚款；造成损失的，依法承担赔偿责任；构成犯罪的，依法追究刑事责任。

第三十二条　排水户违反本办法规定，拒不接受水质、水量监测或者妨碍、阻挠城镇排水主管部门依法监督检查的，由城镇排水主管部门给予警告；情节严重的，处 3 万元以下罚款。

第五章　附　则

第三十三条　排水许可证由国务院住房城乡建设主管部门制定格式，由省、自治区人民政府住房城乡建设主管部门和直辖市人民政府城镇排水主管部门组织印制。

排水许可申请表由国务院住房城乡建设主管部门制定推荐格式，直辖市、市、县人民政府城镇排水主管部门可参照印制。

第三十四条　本办法自 2015 年 3 月 1 日起施行。《城市排水许可管理办法》（建设部令第 152 号）同时废止。

关于制定和调整污水处理收费标准
等有关问题的通知

各省、自治区、直辖市发展改革委、物价局、财政厅（局）、住房城乡建设厅（建委、市政管委、水务厅、水务局）：

为深入贯彻党的十八届三中全会精神，落实国务院《城镇排水与污水处理条例》等规定，促进水污染防治，改善水环境质量，现就合理制定和调整污水处理收费标准，加大污水处理收费力度有关问题通知如下：

一、合理制定和调整收费标准

污水处理收费标准应按照"污染付费、公平负担、补偿成本、合理盈利"的原则，综合考虑本地区水污染防治形势和经济社会承受能力等因素制定和调整。收费标准要补偿污水处理和污泥处置设施的运营成本并合理盈利。2016 年底前，设市城市污水处理收费标准原则上每吨应调整至居民不低于 0.95 元，非居民不低于 1.4 元；县城、重点建制镇原则上每吨应调整至居民不低于 0.85 元，非居民不低于 1.2 元。已经达到最低收费标准但尚未补偿成本并合理盈利的，应当结合污染防治形势等进一步提高污水处理收费标准。未征收污水处理费的市、县和重点建制镇，最迟应于 2015 年底前开征，并在 3 年内建成污水处理厂投入运行。

各地制定和调整污水处理收费标准，应依法履行污水处理企业成本监审、专家论证、集体审议等定价程序，确保政府制定污水处理收费标准的科学性、公正性和透明度，广泛接受社会监督，保护消费者和经营者的合法权益。

二、加大污水处理费收缴力度

对排水量明显低于用水量且排水口已经安装自动在线监测设施等计量装置的火力发电、钢铁等少数企业用户，经城镇排水与污水处理主管部门（以下简称"排水主管部门"）认定并公示后，按实际排水量计征；未安装自动在线监测设施等计量装置的，按用水量计征。要重点加强自备水源用户污水处理费的征缴，对取水设施已安装计量装置的自备水源用户，其用水量按照计量值计算；对未安装计量装置的用户，其用水量按照取水设施额定流量每日运转 24 小时计算。自备水源污水处理费由排水主管部门或其委托的单位负责征收。

三、实行差别化收费政策

各地可结合水污染防治形势和当地经济社会发展水平，制定差别化的污水处理收费标准。对企业排放污水符合国家或地方规定标准的，执行正常的企业污水处理收费标准。对企业排放污水超过国家或地方规定标准的，依据有关法律法规进行处罚，并对超标排放的污水实行更高的收费标准。各地可根据超标排放污水中主要污染物排放情况，制定差别化的收费标准。

四、鼓励社会资本投入

各地应充分发挥价格杠杆作用，合理制定和调整污水处理收费标准，形成合理预期，吸引更多社会资本通过特许经营、政府购买服务、股权合作等方式，积极参与污水处理设施的投资建设和运营服务，提高污水处理能力和运营效率。政府应严格按照运营维护合同约定，及时足额拨付污水处理运营服务费，确保收取的污水处理费专项用于城镇污水处理设施建设、运行和污泥处理处置。鼓励工业园区（开发区）内污水处理单位与污水排放企业协商确定污水处理收费，提高污水处理市场化程度和处理效率。

五、确保配套措施落实到位

一是加大政府投入。各地要将加快城镇污水处理设施建设作为公用事业的重要内容，切实加大投入力度。国家通过中央预算内投资以及其他财政专项等现有渠道支持城市污水处理等基础设施建设。二是强化行业监管。严格排水许可制度，监督污水排放企业达标排放。加强污水处理企业监管，保证出水水质和污泥处置符合国家和地方规定的排放标准；对城镇污水处理企业超标排放化学需氧量、氨氮等主要污染物的，应依法依规予以处罚。限期关闭城镇公共供水管网覆盖区域内的自备水井，防止偷采偷排。三是做好低收入保障。要提高对低收入家庭补贴标准，确保其基本生活水平不因调整污水处理收费标准而降低。

六、做好信息公开和宣传

各地要向社会公开污水处理费收取、使用情况；制定或调整污水处理收费标准要公开污水处理企业成本监审结果；重点排污单位要公开污水排放等指标；污水处理企业要定期公开污水处理量、主要污染物削减量、出水主要指标和企业运营情况等信息。要加强污水处理和收费的宣传解释，通过报纸、电视和网络等媒体，宣传我国水环境污染的状况，征收和调整污水处理费、促进污水处理和水污染防治的必要性，争取社会各界的理解和支持。

各省、自治区、直辖市价格、财政和排水主管部门要加强协调配合，形成工作合力，在调查研究的基础上，尽快提出本省、自治区、直辖市提高污水处理收费力度的实施方案，并于每年底前将工作进展情况报国家发展改革委、财政部和住房城乡建设部。国家发展改革委、财政部和住房城乡建设部将对各地政策落实情况进行检查督导，对不按规定落实相关政策的，将予以通报。

国家发展改革委

财政部

住房城乡建设部

2015 年 1 月 21 日

关于推进新疆水价综合改革的实施意见

根据《中共中央、国务院关于加快水利改革发展的决定》（中发〔2011〕1号）、《国务院关于实行最严格水资源管理制度的意见》（国发〔2012〕3号）和《自治区党委、人民政府关于加快水利改革发展的意见》（新党发〔2011〕21号）的精神，为积极稳妥推进我区水价综合改革，促进水资源优化配置和水利事业健康发展，提出如下实施意见，请结合本地区本部门实际，认真贯彻执行。

一、改革的重要性和必要性

新疆是一个水资源严重短缺的省区，水资源时空分布不均，工程性、结构性缺水严重；生态环境脆弱，污染恢复难的水质性矛盾突出；水资源的利用效率和效益不高。水资源问题已成为制约新疆经济社会跨越式发展的突出矛盾和主要瓶颈之一。

2010年新疆水资源总量832亿立方米，各类水利工程总供水量535.08亿立方米。人均用水量2 453立方米，万元GDP用水量984.1立方米，是全国平均水平的6倍；万元工业增加值用水量58.5立方米；农业综合亩均用水量680立方米，农业用水比例为96%，耗水总量366亿立方米；废污水排放总量为11.59亿立方米，其中城镇居民生活废污水排放量占26.6%，第二产业废污水排放量占60%，第三产业废污水排放量占13.4%；中水利用量仅为0.74亿立方米。天山北坡、吐哈盆地、塔额盆地等经济发展较快区域的地下水严重超采。

水价是调节水供求关系、优化水资源消费结构、促进节约用水、保护水资源最核心的经济杠杆。积极推进水价改革，发挥价格杠杆在水资源优化配置、调节用水需求和水污染防治等方面的作用，促进节约用水、提高用水效率和效益，确保我区水资源健康可持续利用，为城镇化、新型工业化和农牧业现代化建设提供有力的水资源支撑，对推动我区经济社会又好又快发展具有十分重大的意义。

二、改革的目标和原则

（一）改革的目标

建立以优化配置水资源、节约用水、提高用水效率和效益、促进水资源健康可持续利用为核心的水价形成机制和水价体系，促进水利工程良性运行和管理体制改革，提高供水服务能力和用水管理水平。

（二）改革的原则

一是调整水价水平与理顺水价结构相结合，针对不同用户和作物实行有差别的水价政策，科学合理安排各类水价比价关系，发挥价格机制对用水需求的调节作用，提高用水效率和效益，建立与我区水资源状况联系更加紧密的价格机制；

二是价格调整、利益调节、合理分类补偿相结合，水价改革要统筹考虑供用水各方利益关系，水利公益性经费由财政承担，逐步建立和完善水价改革与困难群体生活补偿机制；

三是探索建立水价杠杆和节水收益返还机制，理顺水价关系，以工补农，进一步夯实农业发展基础，稳定粮油等重要农产品的生产，积极培育水资源开发利用市场，探索水权转让机制，促进水资源优化配置；

四是合理利用开发水资源与防治水污染相结合，努力提高再生水利用率，鼓励利用非常规水源，为经济社会发展提供良好的水资源综合利用环境；

五是巩固节水成果和提高全社会节水意识相结合，综合运用各类水价机制，逐步在水价构成中计入节水补偿相关管理费用，完善节水有偿转换机制，进一步促进供水单位良性发展；

六是水价改革与供水管理体制改革相结合，强化供水成本约束，合理补偿供水生产成本，发挥价格杠杆在水资源优化配置中的作用。

三、推进水利工程供水价格改革

（一）科学合理制定水利工程供水价格。按照自治区党委、自治区人民政府《关于加快水利改革发展的意见》（新党发［2011］21 号）的要求，以 2010 年为成本年，将水利工程供水价格调整到合理的水平。综合考虑资源节约和用水户承受能力，在完善计量设施和水费计收机制的基础上，按照国家发展改革委、水利部《水利工程供水价格管理办法》（2003

年第 4 号令）、水利部《水利工程供水价格核算规范（试行）》（水财经
[2007] 470 号）、自治区人民政府《关于发布新疆维吾尔自治区水利工程
供水价格管理办法的通知》（新政发 [2002] 11 号）和《关于下发〈新疆
维吾尔自治区水利工程供水价格核算办法〉（暂行）的通知》（新计价费
[2002] 1549 号）规定，强化成本核算，加强成本监审，按照"一次定
价，分步到位"的原则，合理调整工农业用水价格，力争"十二五"末达
到供水成本的 70%，"十三五"末基本达到供水成本。

（二）加快农业水价综合改革步伐，积极推行农业用水终端水价和计
量水价制度。继续推进农业终端水价制度改革，建立和完善计量合理、管
理规范的水费计收管理体制。按照国家发展改革委、水利部《关于加强农
业末级渠系水价管理的通知》（发改价格 [2005] 2769 号）规定，农业用
水实行国有水利工程供农业用水价格加末级渠系维护费的终端水价制度，
坚决杜绝按亩收取水费的行为，终端水价计量点应为农民用水合作组织与
农民结算的计量点。末级渠系维护费由各地（州、市）在统筹核算的基础
上确定最高标准，各农民用水合作组织按照民主协商的原则，在认真核算
后以不高于最高标准的前提下自行确定，并报县级发展改革、水利部门批
准后执行。个别农民用水合作组织经核算确高于当地最高标准的，由县级
发展改革、水利部门进行审核，广泛征求用水户意见，报地（州、市）级
发展改革、水利部门批准后执行。

有条件的地方，应当对地下水和地表水、粮食和其他经济作物实行分
类定价，使之保持合理差价，促进优先使用地表水，对粮食生产采取更加
优惠的水价政策。

（三）逐步建立节水转换水价核算体系，鼓励农业用水向高效益行业
优先转换。在转换水价中要计入水利工程供水成本及对农业节水、设施更
新、管理运行等相关补偿费用。通过价格杠杆，促进节约水量向高效益领
域合理流动，提高水资源的利用效率，坚决抑制再次开荒行为。

（四）积极推行工农业用水超定额累进加价办法。各地要按照《关于
印发新疆维吾尔自治区农业灌溉用水定额指标（试行）的通知》（新水水
管 [2012] 4 号）规定，根据本地农业生产情况和土壤、气候等自然条
件，在满足当地主要作物的正常用水需求的基础上，合理确定本地的农业

灌溉定额。定额规定要从本地实际出发，应当保证大多数农民都能用上平价水。在此基础上，统一确定全区的超定额加价幅度，即，超过定额不足50％（含50％）的，超过部分按规定价格的1.5倍执行；超过定额50％不足1倍（含1倍）的部分，按规定价格的2倍执行；超过定额1倍以上的部分，按规定价格的2.5倍执行。

（五）实行农村公共供水有偿使用制度。农村饮水安全工程属于准公益性或者准公共性供水工程，按照"补偿成本、合理收益、公平负担"的原则定价，实行农村居民生活用水和非居民生活用水分类计价，农村居民生活用水在"十二五"末接近或达到供水成本。按照促进节约用水、确保农村公共供水工程可持续利用原则，按不高于城市供水价格水平核定，成本不足部分由当地财政补贴。对于偏远贫困地区的农村自来水厂由自治区财政给予用电费用补贴，具体补贴办法另行规定。

使用农村饮水安全工程供水的非农村居民用水和城市用水等按照"成本加合理费用、利润和税金"的原则核定，平均净资产利润率最高为8％，由政府投资的，净资产利润率不得高于6％；由企业投资的（包括利用贷款、引进外资、发行债券或股票等方式筹资建设供水设施），还贷期间净资产利润率不得高于12％；还贷期结束后，应按当地规定的平均净资产利润率核定，具体的利润水平由当地按照不同资金来源确定。

四、加快城市供水价格改革

（一）合理调整城市供水价格。城市供水价格是终端水价，要综合考虑水利工程供水价格、水资源费、污水处理费及供水单位正常运行和合理盈利、改善水质和服务、改造管网和计量系统等因素，在着重强化人员定额、产销差控制等成本约束的基础上，严格审核供水企业运营成本，按照保本微利的原则合理调整城市公共供水价格，净资产利润率按原国家计委、建设部印发的《城市供水价格管理办法》（计价格〔1998〕1810号）规定执行。同时，严格按照自治区发展改革委《关于印发〈自治区城市供水价格调整成本公开工作实施方案（试行）〉的通知》（新发改农价〔2011〕449号）规定，认真开展成本监审，扎实做好供水企业主要生产经营状况和定价成本监审两个层面的公开工作。

加快城市供水管网的更新、改造，对于运行年限较长、严重老化的供水管网，各地城镇应尽快推进更新改造进程，以有效降低管网漏失率。积极推行城市市政、环卫、绿化、消防等公共设施用水实行计量计价制度。

（二）简化城市公共供水价格分类。要综合考虑本地用水结构，结合城市公共供水价格调整，尽快落实自治区对特色餐饮、宾馆饭店和农产品物流等部分鼓励发展行业的优惠政策，将现行城市公共供水价格分类简化为居民生活用水、非居民生活用水、特种用水和其他用水四类，其中：非居民生活用水包括工业、经营服务业用水和行政事业用水等；特种用水包括高档洗浴业、洗车业等；其他用水包括城市绿化、消防、市政设施等公共设施用水等。

（三）加快推进居民生活用水阶梯式水价制度。各地要结合本地经济发展水平、水资源状况、人口结构、居民承受能力等实际情况，加快居民生活用水户表改造进程，在城镇范围内实行抄表到户的用户，设市城市应在"十二五"末全面实行阶梯式水价制度。我区的阶梯式水价制度分为三档，第一档为基本水量，其价格按照定价执行；第二档水量为基本水量的2倍，其价格按照规定价格的1.5倍执行；第三档水量为基本水量的3倍，其价格按照规定价格的2倍执行。基本水量按照保证当地中等收入家庭月用水量，并适当留有余地的原则确定，具体实施办法由各城市价格主管部门会同有关部门制定。

（四）对非居民和特种用水实行超定额累进加价制度，拉大高耗水行业与其他行业的水价差价。严格落实《国务院关于实行最严格水资源管理制度的意见》（国发〔2012〕3号）中有关实行用水效率控制红线的规定，按照自治区人民政府办公厅《关于印发〈新疆维吾尔自治区工业和生活用水定额〉的通知》（新政办发〔2007〕105号）的规定，对非居民和特种用水严格实行定额（计划）管理，定额用水量以内部分执行规定的到户综合水价，超定额用水量部分实行累进加价制度，超出定额和计划用水不足20％的水量部分，超出部分在标准基础上加1倍征收；超出定额和计划20％及以上、不足40％（含40％）的，加2倍征收；超出定额和计划40％及以上的，加3倍征收，并可采取限供或停供等措施。对火力发电、钢铁、化工、造纸、纺织、有色等高耗水行业超定额（计划）用水量部分可按照最高不超过价格主管部门规定的到户综合水价的3倍执行，其他非居民和特种用水超定额（计划）用水部分可按最高不超过价格主管部门规定的到户综合水价的 2 倍执行。每级超定额（计划）用水水量和加价幅度由各地（州、市）确定。

（五）鼓励使用再生水、微咸水、矿井水等非常规水源。要积极创造条件，鼓励用户使用非常规水源。供应非常规水源的单位要加强水质监测与信息发布，确保用水安全。再生水价格要以补偿成本和合理收益为原则，结合再生水水质、用途等情况，按低于同期城市公共供水非居民用水价格的一定比例确定，具体比价由各地（州、市）根据本地水资源状况和再生水利用情况自行规定。对工业、洗车、市政环卫、城市公共绿化、庭院绿化和用水环境等有条件使用再生水的，应当规定使用再生水的比例，对达不到使用再生水比例要求的，应相应核减一定比例的新水用水定额，具体加价比例由各地（州、市）自行确定。

（六）尽快将污水处理费调整和执行到位。凡未调整和执行到位的，今后调整城市供水价格时要优先调整污水处理费标准。要加大污水处理费的征收力度，特别要加大城市排污管网覆盖范围内自备水源单位的污水处理费征收力度。适当提高污水处理厂出水水质和污泥处理处置标准，在对其运营成本进行监审的基础上，可结合财政拨付污水处理费的实际情况，适时调整污水处理费标准，促进污水处理行业协调发展。

五、合理调整水资源费征收标准

（一）限制开采地下水，优先使用地表水。限制开采地下水，要限期关闭城市公共供水管网覆盖范围内的自备井，对具备水利工程供水条件地区的非农业用自备井也要制定关闭时间表，在关闭前要相应提高水资源费和污水处理费标准。

（二）在地下水超采区范围内直接取用地下水的全额征收水资源费；对非地下水超采区范围内农民 30 年承包土地灌溉直接取用地下水的，按照规定，限额以内用水免征水资源费，限额以外用水征收水资源费；对农民 30 年承包土地以外的农业灌溉直接取用地下水、地表水的，应当计征水资源费。

按照国家和自治区有关资源性价格政策，应将水资源费核入水利工程供水成本。水利工程供农业生产用水的，暂不计入水资源费。

六、强化水费的使用管理

（一）切实加强对各类水费收支的管理。根据财政部、原国家计委《关于将部分行政事业性收费转为经营服务性收费（价格）的通知》（财综[2001] 94 号）精神，水费是供水经营单位的经营性收入，严禁各级政府及其有关部门未经自治区批准在水价中附加任何与供水经营活动无关的费用，不再纳入财政收支两条线管理。认真清理各地对水费的收支管理行为，坚决取缔各地自行制定的各种截留、挪用政策。各供水经营单位也应当进一步加强对水费收支的管理，确定一定比例的水费专门用于供水工程设施的维修，确保供水工程的良性运行。

（二）切实加强水价成本核算和审核工作。供水成本是制定供水价格的基础和依据，各级财政应承担的公益性岗位人员经费、公用经费和工程养护经费不计入供水成本。供水单位要切实强化供水成本核算，各地、各有关部门要按照国家和自治区的有关规定认真开展供水成本审核工作。按照原自治区计委、水利厅《关于印发〈申请制定（调整）水利工程供水价格的报告编写提纲〉的通知》（新计价费[2002] 1237 号）等文件的规定，编报水价申请文件，可聘请有关专家对价格方案进行审查。

（三）自治区直属和兵团水利工程管理单位的供水价格应当做到与各地水价核算审批工作基本同步，并相互衔接，按照水价管理权限的有关规定报经自治区批准后执行。

七、加强改革的组织领导

（一）高度重视，精心组织。水价综合改革涉及面广，政策性强，实施难度大，各级政府、各有关部门要加强对水价改革工作的组织领导，积极稳妥地分步推进。要充分考虑用户的实际承受能力，确保低收入家庭的基本生活用水，切实做好对低收入家庭的水费减免或补贴工作。要准确把握水价改革时机，审慎统筹考虑与其他价格改革的衔接，防止集中出台调价项目，保证水价改革顺利实施。

（二）加强对水价制定与执行的督查。各地要制订符合本地实际、切实可行的水价改革规划，完善水价改革配套措施。要加强对水价制定与执行的指导和跟踪监督检查，发现问题及时采取措施，确保水价制定科学合理、执行到位。各地批准执行的水价综合改革方案和水价调整文件，应及时报自治区发展改革委等部门备案。自治区将对各地开展水价综合改革工作进行监督检查。

（三）深化水管体制改革，严格成本约束。要根据水价改革的目标和原则创造性地开展工作，按照国家关于深化水利工程管理单位体制改革和城市公用事业改革的要求，创新体制和机制，建立多样化的水利工程、城市供水污水处理工程管理模式，全方位、多角度严格约束供水成本，为全面推进水价改革创造条件。

关于合理调整新疆污水处理收费标准的指导意见

伊犁州发展改革委、财政局、住建局，各地（州、市）发展改革委、财政局、住建局：

根据中共中央、国务院《关于加快水利改革发展的决定》（中发〔2011〕1号）和国务院《关于印发〈水污染防治行动计划〉的通知》（国发〔2015〕17号）的精神，国家发展改革委、财政部、住房城乡建设部印发了《关于制定和调整污水处理收费标准等有关问题的通知》（发改价格〔2015〕119号），按照自治区人民政府办公厅转发自治区发展改革委、财政厅、水利厅、住建厅《关于推进自治区水价综合改革实施意见的通知》（新政办发〔2012〕129号）的部署，为积极推进"洁净新疆"建设，加快我区水污染治理，改善用水环境，现就合理调整我区污水处理收费标准等有关问题提出指导意见，请结合本地区实际，认真贯彻执行。

一、充分认识提高污水处理收费标准的必要性

城镇污水处理系统是城市重要的基础设施，目前，我区大部分城镇排水设施老化，功能不配套，管网渗漏严重，导致城区生活污水收集量和进水量偏低，污水处理设备不能满负荷运行，造成电力、设备等资源浪费，污水处理厂的运行成本难以得到有效控制。同时，我区污水处理费标准一般与城市供水价格同步调整，受诸多因素影响，污水处理费均未调整到位，出现价格倒挂，价格杠杆作用难以得到充分发挥，收费标准调整的相对滞后和刚性成本的上升使得价格矛盾进一步加剧。

合理调整污水处理收费标准，是促进水污染防治，改善水环境质量的客观需要，关系到广大人民群众身体健康和生活质量改善；是提高污水处理水平，推进污水处理产业化、市场化的重要举措，对促进我区水污染防治具有十分重要的现实意义。

二、提高污水处理收费标准的目标和原则

（一）目标

全面深入贯彻十八届三中全会精神，落实国务院《城镇排水与污水处理条例》等规定，按照《关于制定和调整污水处理收费标准等有关问

题的通知》（发改价格〔2015〕119号）的要求，综合考虑城市污水处理设施建设项目投资规模、当地经济发展水平、水污染防治形势、居民的承受能力和污水处理率，保证收费标准能够补偿污水处理和污泥处置设施的运营成本并合理盈利。今后调整城市供水价格时要优先调整污水处理费标准，要加大污水处理费的征收力度，特别要加大城市排污管网覆盖范围内自备水源单位的污水处理费征收力度。实现2016年底前将我区污水处理费调整和执行到位并合理盈利，未征收污水处理费的市、县和重点建制镇，最迟应于2015年底前开征，并在3年内建成污水处理厂投入运行。

（二）原则

1. 污染者付费、公平负担、补偿成本、合理盈利。污水处理费征收标准应确保补偿污水处理厂运营成本，并合理盈利。污水处理费的利润水平确定可参照城市供水相关规定。

2. 统筹兼顾、保证运营。污水处理费在确保能够补偿城市污水处理厂运营成本和合理的投资回报的同时，适当补偿管网的运行维护费用，确保厂网同步正常运行。

三、合理有序调整收费标准

我区设市城市污水处理收费标准原则上应调整至居民不低于0.95元/立方米，非居民不低于1.4元/立方米；县城、重点建制镇原则上应调整至居民不低于0.85元/立方米，非居民不低于1.2元/立方米。已达到最低征收标准但尚未补偿成本并合理盈利的，应当结合水污染防治工艺的改进进一步提高污水处理收费标准。各地具体征收标准可结合当地经济发展水平、水资源状况、污水处理成本、居民承受能力等实际情况确定。

四、相关配套措施

（一）与阶梯水价制度的实施统筹安排

各地调整污水处理收费标准，应与制定城镇居民阶梯水价制度和城市供水价格调整统筹协调进行，做好衔接工作，有序推进。要依法履行污水处理企业成本监审、专家论证、集体审议等定价程序，与居民阶梯水价合并执行的，还应履行价格听证程序，确保政府制定污水处理收费标准的科学性、公正性和透明度，广泛接受社会监督。

（二）加大污水处理费收缴力度

对排水量明显低于用水量且排水口已经安装自动在线监测设施等计量装置的火力发电、钢铁等少数企业用户，经城镇排水与污水处理主管部门（以下简称"排水主管部门"）认定并公示后，按实际排水量计征；未安装自动在线监测设施等计量装置的，按用水量计征。要重点加强自备水源用户污水处理费的征缴，对取水设施已安装计量装置的自备水源用户，其用水量按照计量值计算；对未安装计量装置的用户，其用水量按照取水设施额定流量每日运转 24 小时计算。自备水源污水处理费由排水主管部门或其委托的单位负责征收。

（三）实行差别化收费政策

一是各地在现行城市公共供水价格分类简化为居民生活用水、非居民生活用水、特种用水和其他用水四类的基础上，相应制定差别化污水处理收费。二是各地可结合水污染防治形势和当地经济社会发展水平，对企业排放污水符合国家或地方规定标准的，执行正常的企业污水处理收费标准。对企业排放污水超过国家或地方规定标准的，依据有关法律法规进行处罚，并对超标排放的污水实行更高的收费标准。三是各地可根据超标排放污水中主要污染物排放情况，制定差别化的收费标准。四是各地可结合本地重点工业园区发展情况，单独制定工业园区的污水处理收费标准。

（四）鼓励社会资本投入

各地应充分发挥价格杠杆作用，合理调整污水处理收费标准，形成合理预期，吸引更多社会资本通过特许经营、政府购买服务、股权合作等方式，积极参与污水处理设施的投资建设和运营服务，提高污水处理能力和运营效率。政府应严格按照运营维护合同约定，及时足额拨付污水处理运营服务费用，确保收取的污水处理费专项用于城镇污水处理设施建设、运行和污泥处理处置。鼓励工业园区（开发区）内污水处理单位与污水排放企业协商确定污水处理收费，提高污水处理市场化程度和处理效率。

（五）加大政府投入

各地要将加快城镇污水处理设施建设作为公用事业的重要内容，加强对城镇污水处理设施建设资金方面的投入，进一步改善城镇污水管网改造，从设计、施工等源头上将排水管网建设与雨水管道建设分开，加快雨污分流改造工程，实现雨水和污水分流，提高污水收集率和处理率，保证污水收集能力和处理能力同步发展，切实加大投入力度。

（六）积极做好低收入保障工作

各地在调整污水处理收费标准时，要充分考虑低收入家庭的承受能力。对低收入家庭采取提高补贴标准或实行污水处理费减免等方式，确保其基本生活水平不因调整污水处理收费标准而降低。

五、保障措施

（一）加强相关部门的联动配合

各地应建立健全污水处理企业与供水企业和水行政部门的联动机制，逐步实行污水处理费与城市供水水费和水资源费捆绑收费的模式。对于使用自备水源的用户，供排水企业可根据当地水资源费计量数据，征收排水进入市政公用管网的自备水源单位的污水处理费，以提高自备水源污水处理收缴率。

（二）强化行业监管

严格排水许可制度，监督污水排放企业达标排放。加强污水处理企业监管，保证出水水质和污泥处置符合国家和地方规定的排放标准；对城镇污水处理企业超标排放化学需氧量、氨氮等主要污染物的，应依法依规予以处罚。限期关闭城镇公共供水管网覆盖区域内的自备水井，防止偷采偷排。

（三）做好信息公开和宣传

各地要向社会公开污水处理费收取、使用情况；调整污水处理收费标准要公开污水处理企业成本监审结果；重点排污单位要公开污水排放等指标；污水处理企业要定期公开污水处理量、主要污染物削减量、出水主要指标和企业运营情况等信息。加强污水处理和收费的宣传解释，通过报纸、电视和网络等媒体，宣传我国水环境污染的状况、征收和调整污水处理费、促进污水处理和水污染防治的必要性，争取社会各界的理解和支持。

各地（州、市）价格、财政和排水主管部门要加强协调配合，形成工作合力，在调查研究的基础上，尽快提出本地提高污水处理收费力度的实施方案，并于每年底前将工作进展情况报自治区发展改革委、财政厅和住房城乡建设厅，自治区发展改革委、财政厅和住房城乡建设厅将对各地政策落实情况进行检查督导，对不按规定落实相关政策的，将予以通报。

自治区发展改革委　自治区财政厅　自治区住建厅

2015 年 7 月 29 日

参 考 文 献

曹洪，周江，周斌. 2003. 回用水定价思考 [J]. 价格月刊，(8)：21.

曾军平，杨君昌. 2009. 公共定价分析 [M]. 上海：上海财经大学出版社：5.

陈平. 2003. 法英中公共事业管理体制比较研究 [J]. 中国城市化，(9)：16-19.

褚俊英，陈吉宁，邹骥. 2002. 我国城市污水厂投资效率的定量分析 [J]. 中国给水排水，(3)：27-29.

褚俊英，陈吉宁，邹骥. 2002. 我国城市污水厂投资效率的定量分析 [J]. 中国给水排水，(3)：27-29.

褚俊英，陈吉宁，邹骥等. 2004. 城市污水处理厂的规模与效率研究 [J]. 中国给水排水，(5)：35-38.

褚俊英，陈吉宁，邹骥等. 2004. 中国城市污水处理厂资源配置效率的比较 [J]. 中国环境科学，24 (2)：242-246.

丁熙琳. 2007. 中英美三国水务企业资本结构比较与启示 [D]. 成都：西南财经大学.

段然，李悦. 2007. 农村金融的可持续发展模式研究 [J]. 理论学习，(1)：45-46.

段永红，李曦，杨名远. 2003. 我国城市污水处理市场化问题探讨 [J]. 中国农村水利水电，(5)：11-14.

段治平，吕志昌，李佳. 2008. 污水处理收费国际比较与借鉴 [J]. 价格理论与实践，(1)：32-33.

段治平. 2003. 我国城市水价改革的历程和趋向分析 [J]. 经济问题，(2)：28-29.

范伟军，范举红. 2008. 污水处理企业投资运营安全决策分析方法 [J]. 给水排水动态，(4)：14-16.

方耀民，2008. 我国水价形成机制改革回顾与展望 [J]. 经济体制改革，(1)：17-22.

傅平，谢华，张天柱，陈吉宁. 2003. 完全成本水价与我国的水价改革 [J]. 中国给水排水，(10)：22-24.

付涛，常杪，钟丽锦. 2006. 中国城市水业改革实践与案例 [M]. 北京：中国建筑工业出版社：66.

傅涛，张丽珍，常杪，魏保平. 2006. 城市水价的定价目标、构成和原则 [J]. 中国给水排水，(3)：15-18.

高华，朱俊文. 2007. 循环经济理念下的污水处理项目收费定价模型研究 [J]. 价格理论与实践，(12)：33-34.

顾笑然. 2007. 公共产品思想溯源与理论述评 [J]. 现代经济，(9)：63-65.

广东省物价局课题组. 2008. 广东环境保护价格与收费体系研究 [J]. 价格理论与实践，(6)：11-14.

国家发改委，中国经济导报社，北京世经未来投资咨询有限公司. 2008. 2008 年污水处理行业风险分析报告 [OL]. 慧典市场研究报告网.

国家环保总局环境规划院，国家信息中心. 2008. 中国环境经济形势分析与预测 [M]. 北京：中国环境科学出版社：2.

韩美，张丽娜. 2002. 城市水价研究的理论与实践 [J]. 自然资源学报，(7) 457-462.

韩明杰，杨卫华. 2006. 基于风险分担的污水处理 BOT 项目特许定价模型研究 [J]. 科技管理研究，(10)：158-161.

何继新，顾凯平. 2008. 价格和成本的逻辑——政府公共服务的价格规制 [J]. 商业时代，(2)：61-62.

河南省住房和建设厅. 2006. 河南省城市污水处理企业运行成本核算办法 [R]. 河南省住房和建设厅，9.

贺骏. 2006. 英国水计量收费概览 [J]. 城镇供水，(6)：63-64.

贺恒信，薛玮. 2006. 新公共管理运动视角下的我国城市污水处理市场化 [J]. 经济体制改革，(2)：43-46.

黄昀，王洪臣. 2007. 浅谈城市污水处理厂运行管理问题 [J]. 水工业市场，(1)：40-42.

黄智晖，谷树忠. 2002. 水资源定价方法的比较研究 [J]. 资源科学，(5)：14-18.

贾绍凤，姜文来，沈大军. 2006. 水资源经济学 [M]. 北京：中国水利水电出版社：35.

金汉信，彭纪生，霍焱. 2009. 基于超效率 CCR-DEA 的韩国贸易港口技术效率研究 [J]. 华东经济管理，(9)：151-155.

李公祥，尹贻林. 2009. 基于超效率 DEA 方法的中国建筑业生产效率实证分析 [J]. 北京理工大学学报（社会科学版），(8).

李静，程丹润. 2009. 基于 DEA-SBM 模型的中国地区环境效率研究 [J]. 合肥工业大学学报（自然科学版），(8)：1208-1211.

李仕林. 2004. 论我国城市污水处理的市场体制 [J]. 城市管理与科技，(2)：55-57.

李新明，王燕. 2008. 污水处理价格成本合理性标准的确定及其影响因素 [J]. 价格与市场，(7)：35-37.

梁爱玉. 2004. 关于我国城镇污水处理厂建设及运营的思考 [J]. 农村经济，(12)：93-95.

林芳莉. 2008 我国污水处理的现状和存在的问题 [J]. 科技创新导报 (14): 75.

林关征. 2007. 水资源的管制放松与水权制度 [M]. 北京: 中国经济出版社: 7.

林伊. 2007. 浙江省污水处理行业发展分析与预测 [J]. 给水排水动态, (12): 526 - 529.

刘安萍. 2007. 欧美自然垄断行业的价格管制政策及其实践 [J]. 学习与实践, (7): 86 - 90.

刘鸿志. 2000. 国外城市污水处理厂的建设及运行管理 [J]. 世界环境, (1) 31 - 33.

刘戒骄. 2007. 公用事业: 竞争、民意与监管 [M]. 北京: 经济管理出版社: 101.

刘雪梅, 何逢标. 2006. 关于优化污水处理收费体制问题的思考 [J]. 中国水运, (11): 178 - 179.

刘妍, 郑丕谔, 李磊. 2006. 我国可持续发展水价制定的方法研究 [J]. 价格理论与实践, (1): 35 - 36.

刘永德, 赵继红, 黄克毅, 沈惠霞. 2008. 河南城市污水处理厂现状分析及建议 [J]. 环境保护, (8): 38 - 39.

刘征兵. 2006. 中国城市污水处理设施建设与运营市场化研究 [D]. 长沙: 中南大学.

马宝云. 2007. 当前水资源费和污水处理费征收工作中存在的问题及对策 [J]. 水利研究发展, (10): 39 - 40.

马乃毅, 姚顺波. 2010. 美国水务行业监管实践及对我国的启示 [J]. 亚太经济, (6).

马乃毅, 姚顺波. 2010. 污水处理定价方法分类与比较研究 [J]. 苏州大学学报 (哲学社会科学版), (4): 51 - 54.

马乃毅, 徐敏. 2013. 以色列水资源管理实践经验及对中国西北干旱区的启示 [J]. 管理现代化, (2): 117 - 119.

马乃毅. 2012. 基于 New-Cost-DEA 模型的污水处理企业成本效率研究 [J]. 企业经济, (3): 72 - 75.

马文芳, 2007. 我国污水处理产业市场化的几点思考 [J]. 价格与市场, (4): 23 - 24.

马元珽. 2005. 英格兰和威尔士水资源管理的现行法律法规框架 [J]. 水利水电快报, (5): 1 - 3.

马云泽. 2008. 规制经济学 [M]. 北京: 经济管理出版社: 1.

茅铭晨. 2007. 政府管制理论研究综述 [J]. 管理世界, (2): 137 - 150.

牛学义. 2004. 城市污水特许经营协议的若干问题探讨 [J]. 中国给水排水, (2): 25 - 27.

皮纳坎普, 袁国文. 2001. 欧洲污水处理技术、成本与收费 [C]. 21 世纪国际污水处理研讨会, (9): 15.

钱正英, 等. 2001. 中国可持续发展水资源战略研究综合报告 [C]. 中国水利协会年学术年会论文集.

任俊生. 2002. 中国公用产品价格管制 ［M］. 北京. 经济管理出版社：1.

沈大军, 陈雯, 罗健萍. 2006. 水价制定理论、方法和实践 ［M］. 北京：中国水利水电出版社：2.

司训练, 符亚明. 2007. 基于可持续利用的水价结构及水价制定 ［J］. 价格理论与实践, (5)：29 - 30.

苏根生. 2005. 南昌市水资源、水价、污水处理收费存在的问题及建议 ［J］. 价格月刊, (10)：24.

孙永利, 张宇, 赵琳, 王蕊. 2008. 影响城镇污水处理产业发展的关键问题及对策建议析 ［J］. 水工业市场, (1)：19 - 22.

孙钰, 施栋耀. 2007. 天津市污水处理市场化研究 ［J］. 城市, (11)：51 - 53.

世经未来. 2015. 2015 年污水处理风险分析报告 ［EB/OL］. http：//www. wefore. com.

唐铁军. 2007. 深化污水处理收费改革的难点与对策 ［J］. 价格月刊, (10)：37 - 40.

田学根. 2006. 对当前污水处理行业政府监管规制建设的思考与建议 ［J］. 新疆环境保护, 28 (3)：11 - 14.

王成芬. 2007. 关于城市污水处理的几个问题 ［J］. 科技创新导报, (30)：45.

王春兰, 罗玉林. 2008. 城市准公共物品市场化运作的困境分析 ［J］. 城市问题, (5)：78 - 81.

王娟. 2004. 我国污水处理的困境和出路 ［J］. 企业活力, (9)：6 - 7.

王俊豪. 2006. 政府管制经济学导论 ［M］. 北京：商务印书馆：12.

王玲. 2008. 成本回收与城市污水处理运营财务分析 ［J］. 中国农业会计, (8)：93 - 95.

王涛, 简映. 2007. 城市污水处理行业 BOT 项目合同签订应注意的问题 ［J］. 城市公用事业, (6)：33 - 35.

王希希, 陈吉宁. 2004. 我国污水处理理想价格及合理投资结构测算分析 ［J］. 给水排水, (11) 43 - 46.

吴建, 王莉红, 王卫军, 邵庆, 李巧萍. 2004. 城镇污水处理厂 BOT 项目运作程序及风险管理 ［J］. 农机化研究, (5)：187 - 190.

吴杰, 梁樑, 查迎春. 2007. 考虑价格函数关系的成本效率/收益效率和利润效率 ［J］. 系统工程, (12)：75 - 79.

吴添祖, 丁科亮, 徐海江. 2003. OECD 成员国家庭用水的价格制度 ［J］. 水利水电科技进展, (1)：66 - 68.

谢标, 杨永岗. 1999. 水资源定价方法的初步探讨 ［J］. 环境科学, (5)：100 - 103.

谢世清, Greg J. Browder, Yoonhee Kim, 顾立欣, 樊明远, David Ehrhardt. 2007. 展望中国城市水业 ［M］. 北京：中国建筑工业出版社：12.

邢秀凤. 2007. 城市水业市场化研究 [M]. 北京：中国水利水电出版社：9.

徐晓鹏. 2003. 基于可持续发展的水资源定价研究 [D]. 大连：大连理工大学.

杨冬华，葛察忠，Grzegorz Peszko，杨金田，高树婷，童凯. 2005. 城市污水处理收费标准的提高对居民承受能力的影响 [J]. 环境科学研究，(4)：121-124.

杨建文. 2007. 政府规制——21世纪理论研究潮流 [M]. 上海：学林出版社：9.

杨君昌，曾军平. 2002. 公共定价理论 [M]. 上海：上海财经大学出版社：9.

杨卫华，戴大双，韩明杰. 2008. 基于风险分担的污水处理 BOT 项目特许价格调整研究 [J]. 管理学报，(5)：366-370.

伊雪秋. 2007. 污水处理厂缘何成了摆设 [J]. 水工业市场，(8)：5-10.

余海宁. 2006. 城市供水价格理论研究与实践分析 [D]. 上海：同济大学.

原培胜. 2007. 城镇污水处理厂处理成本分析 [J]. 舰船防化，(6)：35-39.

张凯松，周启星. 2006. 可持续的污水处理过程与展望 [J]. 生态学杂志，(9)：1129-1135.

张莉侠. 2007. 中国乳制品企业技术效率分析 [J]. 统计与信息论坛，(3)：103-108.

张瑞. 2008. 我国城市污水处理的现状、问题及定价策略 [J]. 中国高新技术企业，(11)：150.

张少华，韩臻. 2003. 浅论加强污水处理也得成本管理 [J]. 内蒙古科技与经济，(4)：61-62.

张雅君，杜晓亮，汪慧贞. 2008. 国外水价比较研究 [J]. 给水排水，(1)：118-122.

赵会茹，赵名璐，乞建勋. 2004. 基于 DEA 技术的输配电价格管制研究 [J]. 数量经济技术经济研究，(10)：110-119.

赵强，张慎峰，吴育华. 2003. 污水处理厂规模与技术相对有效评估研究 [J]. 成都信息工程学院学报，(3)：36-39.

赵永亮，徐勇. 2007. 我国制造业企业的成本效率研究 [J]. 南方经济，(8)：46-55.

中国华禹水务产业投资筹备工作组. 2007. 英国水务改革与发展研究报告 [M]. 北京：中国环境科学出版社：10.

钟瑜，毛显强，陈隽，夏成. 2003. 中国城市污水处理良性运营机制探讨 [J]. 中国人口资源与环境，(3)：52-56.

周达. 2008. 我国城市污水处理基准成本研究 [J]. 城市管理前沿，(1)：40-42.

周阳品，黄光庆. 2007. 中国城市污水集中处理的现状与对策研究 [J]. 资源开发与市场，(23)：97-99.

庄宇，桂公保什加，王莉芳. 2006. 陕西城市污水处理产业的问题与对策 [J]. 经济问题探索，(11)：154-157.

新疆维吾尔自治区物价. 关于乌鲁木齐市城市供水价格、污水处理费、垃圾处理费定价权的复函 [EB/OL]. http：//www. flssw. com/fagui/info/4886543/.

全国人民代表大会常务委员会. 中华人民共和国价格法 [EB/OL]. http：//www. gov. cn/banshi/2005－09/12/content_69757. htm.

国家发展计划委员会. 政府价格决策听证暂行办法 [EB/OL]. http：//business. sohu. com/66/19/article204571966. shtml.

马乃毅. 城镇污水处理定价研究 [D]. 杨凌：西北农林大学，2010.

国家计委、财政部、建设部、水利部、国家环保总局. 关于进一步推进城市供水价格改革工作的通知 [EB/OL]. http：//szy. hrc. gov. cn/SystemPortal/Portal/Main/DocRead. aspx? DocID＝399.

新疆人民政府. 新疆维吾尔自治区城市排水管理办法 [EB/OL]. http：//baike. baidu. com/link? url ＝ Uyrq7ebzXANwXVBegx4TugXhl7lwj-Pv2y72YcsaZvhrlxEC8hvh92 － ZSC_blwhgJ5wTKPYb1N8f5YeWe9Ucp_.

新疆人民政府. 新疆维吾尔自治区城市供水实施办法 [EB/OL]. http：//baike. baidu. com/link? url ＝ pGCs4fwzfOMrhJPbtwAkVzvoRwQ74A2MdHAhCRcmfe4naK6E7r3t k2oxCYj5MX6oCdOOCljEh4C_8LSTT_NRta.

新疆人民政府. 新疆维吾尔自治区水资源费征收管理办法 [EB/OL]. http：//www. ha-mi. gov. cn/10037/10037/00003/2005/14314. htm.

国务院. 中华人民共和国政府信息公开条例 [EB/OL]. http：//www. gov. cn/xxgk/pub/govpublic/tiaoli. html.

徐艳华. 我国城镇污水、垃圾处理投融资机制市场化改革研究 [D], 保定：河北大学，2007.

梁晶. 2011. 我国污水处理行业科学定价机制研究 [J]. 科技资讯，(30)：153－154.

新疆维吾尔自治区发展计划委员会、财政厅、水利厅：关于调整我区水资源费征收标准有关问题的通知 [EB/OL]. http：//www. xjdrc. gov. cn/content. jsp? urltype＝ news. NewsContentUrl&wbtreeid＝10508&wbnewsid＝16906.

乌鲁木齐发展和改革委员会. 关于调整乌鲁木齐市城市供水价格的通知 [EB/OL]. http：//www. urumqidrc. gov. cn/info_show. asp? ArticleID＝3988.

Asian Development Bank. 1997a. Guidelines for the Economic Analysis of Projects [R]. Manila.

Asian Development Bank. 1997b. Water Tariff Structure and Financial Policies of Water Enterprises：Indonesia Final Report (TA 2501－INO) [R]. Manila.

Averch，H，and L. O. Johnson. 1962. Behavior of the Firm under Regulatory Constraint [R]. American. Economic Review，52：1052－1069.

Bahl，R，and J. Linn. 1992. Urban Public Finance in Developing Countries [R]. New York：Oxford University Press for the World Bank.

Baumol, W. J. 1982. Contestable Markets: An Uprising in the Theory of Industry Structure [J]. American. Economic Review, 72 (1): 1 – 15.

Baumol. W. J, E. Baileye, and R. D. Willig. 1977. Weak Invisible Hand Theorems on Pricing and Entry. in a Multiproduct Natural Monopoly [J]. American Economic Review, 67: 350 – 365.

Boisvert, R, and T. Schmidt. 1997. Trade-off Between Economies of Size in Treatment and Diseconomies of Distribution for Rural Water Systems [J]. Agricultural and Resource Economics Review, 27 (2): 237 – 247.

Coase, R. H. 1946. The Marginal Cost Controversy [J]. Economica, 13: 169 – 182.

Courville, L. 1974. Regulation and Efficiency in the Electric Utility Industry [J]. Bell Journal of Economics and Management Science, 5 (1): 53 – 74.

Demsetz, H. 1968. Why Regulate Utilities? [J] . Journal of Law and Economics, 11 (1): 55 –65.

Dole, D. 2003. Setting User Charges for Public Services: Policies and Practice at the Asian Development Bank [R]. ERD Technical Note Series No. 9, Economics and Research Department, Asian Development. Bank. Manila.

Dole, D. , and E. Balucan. 2006. Setting User Charges for Urban Water Supply: A Case Study of the Metropolitan Cebu Water District in the Philippines [R]. ERD Technical Note Series No. 17, Economics and Research Department, Asian Development Bank. Manila.

Dole, D, and I. Bartlett. 2004. Beyond Cost Recovery: Setting User Charges for Financial, Economic, and Social Goals [R]. ERD Technical Note Series No. 10, Economics and Research Department, Asian Development Bank. Manila.

Easter, K. W. , and G. Feder. 1997. Water Institutions, Incentives, and Markets [C]. In D. Parker and T. Yacov, eds, Decentralization and Coordination of Water Resource Management. Boston: Kluwer Academic Publishing.

Feldstein, M. 1972. Distributional Equity and the Optimal Structure of Public Prices [J]. American Economic Review 62 (1): 32 – 36.

Gunatilake, H, J. Yang, S. Pattanayak, and C. van den Berg. 2006. Willingness-to – Pay and Design of Water Supply and Sanitation Projects: A Case Study [R]. ERD Technical Note Series No. 19, Economics and Research Department, Asian Development Bank, Manila.

Gunatilake, H. , J. Yang, S. Pattanayak, and K. Choe. 2007. Good Practices for Estimating Reliable Willingness-to – Pay in the Water Supply and Sanitation Sector [R].

ERD Technical Note Series No. 23, Economics and Research Department, Asian Development Bank, Manila.

Gunatilake, H, and M. J. Carangal-San Jose. 2008. Privatization Revisited: Lessons from Private Sector Participation in Water Supply and Sanitation in Developing Countries [R]. ERD Working Paper Series No. 115, Economics and Research Department, Asian Development Bank, Manila.

Hall, D. C. 2000. Public Choice and Water Rate Design [C]. in A. Dinar, ed. The Political Economy of Water. Pricing Reforms. New York: Oxford University Press.

Hotelling, H. 1938. The General Welfare in Relation to Problems of Taxation and of Railway and Utility. Rates [J]. Econometrica, 6: 242 – 269.

Kim, H. Y. 1987. Economies of Scale in Multi-Product Firms: An Empirical Analysis [J]. Economica. 54 (2): 185 – 206.

Mann, P. 1993. Water Utility Regulation: Rates and Cost Recovery [J]. Reason Foundation Policy Study No. 155, Reason Foundation, Los Angeles.

Mann, P, R. Saunders, and J. Warford. 1980. A Note on Capital Indivisibility and the Definition of. Marginal Cost [J]. Water Resources Research, 16 (3): 602 – 604.

Munasinghe, M. 1992. Water Supply and Environmental Management: Developing World Applications [M]. Studies in Water Policy and Management. Boulder, CO: Westview Press.

Munasinghe, M. 1979. The Economics of Power System Reliability and Planning: Theory and Case Study [R]. Baltimore, MD: Johns Hopkins University Press for The World Bank.

Ng, Y. K. 1987. Equity, Efficiency and Financial Viability: Public-Utility Pricing with Special Reference. to Water Supply [J]. The Australian Economic Review, 20 (3): 21 –35.

Posner R. 1972. The Appropriate Scope of Regulation in Cable Television Industry [J]. Bell Journal of. Economics and Management Science, 3 (1): 98 – 129.

Ramsey, F. 1927. A Contribution to the Theory of Taxation [J]. Economic Journal, 37: 47 – 61.

Russell, C, and B. Shin. 1996a. Public Utility Pricing: Theory and Practical Limitations [J]. Advances in. the Economics of Environmental Resources 1: 123 – 129.

Russell, C, and B. Shin. 1996b. An Application and Evaluation of Competing Marginal Cost Pricing proximations [J]. Advances in the Economics of Environmental Resources, 1: 141 – 164.

Saunders, R. , J. J. Warford, and P. C. Mann. 1977. Alternative Concepts of Marginal Cost or Public Utility. Pricing: Problems of Application in the Water Supply Sector [R]. World Bank Staff Working Paper No. 259, The World Bank, Washington, DC.

Sharkey, W. 1982. The Theory of Natural Monopoly. Cambridge [M]. MA: Cambridge University Press.

Swaroop, V. 1994. The Public Finance of Infrastructure: Issues and Options [R]. World Bank Policy Research Working Paper Series No. 1288, The World Bank, Washington, DC.

Train, K. 1997. Optimal Regulation: The Economic Theory of Natural Monopoly [R]. Cambridge, MA: The MIT Press. Turvey, R. 2001. What are the Marginal Costs and How to Estimate Them? [R]. Centre for the Study of Regulated Industries. Technical Paper No. 13, University of Bath School of Management, United Kingdom.

Vogelsang, I. , and J. Finsinger. 1979. A Regulatory Adjustment Process for Optimal Pricing by Multiproduct Monopoly Firms [J]. Bell Journal of Economics, 10: 157 -171.

Warford, J. 1987. Marginal Opportunity Cost Pricing for Municipal Water Supply [R]. Special Paper, International Development Centre, Economy and Environment Program for Southeast Asia, Ottawa.

图书在版编目（CIP）数据

新疆城镇污水处理价格形成机制及管理研究 / 马乃
毅，徐敏著 . —北京：中国农业出版社，2016.3
ISBN 978-7-109-21534-4

Ⅰ.①新… Ⅱ.①马… ②徐… Ⅲ.①城市污水处理
－定价－研究－新疆 Ⅳ.①F299.241

中国版本图书馆 CIP 数据核字（2016）第 059749 号

中国农业出版社出版
（北京市朝阳区麦子店街 18 号楼）
（邮政编码 100125）
责任编辑 赵 刚 张 岩

北京中兴印刷有限公司印刷 新华书店北京发行所发行
2016 年 3 月第 1 版 2016 年 3 月北京第 1 次印刷

开本：720mm×960mm 1/16 印张：13.25
字数：200 千字
定价：30.00 元
（凡本版图书出现印刷、装订错误，请向出版社发行部调换）